AF275092

COLEX

Disfrute gratuitamente **DURANTE UN AÑO** de los eBook y audiolibros de las obras de Editorial Colex*

⊗ Acceda a la página web de la editorial **www.colex.es**

⊗ Identifíquese con su usuario y contraseña. En caso de no disponer de una cuenta regístrese.

⊗ Acceda en el menú de usuario a la pestaña «Mis códigos» e introduzca el que aparece a continuación:

RASCAR PARA VISUALIZAR EL CÓDIGO

⊗ Una vez se valide el código, aparecerá una ventana de confirmación y su eBook y/o audiolibro estará disponible **durante 1 año desde su activación** en la pestaña «Mis libros» en el menú de usuario.

> * Los audiolibros están disponibles en las ediciones más recientes de nuestras obras. Se excluyen expresamente las colecciones «Códigos comentados», «Biblioteca digital» y los productos de www.vademecumlegal.es.

No se admitirá la devolución si el código promocional ha sido manipulado y/o utilizado.

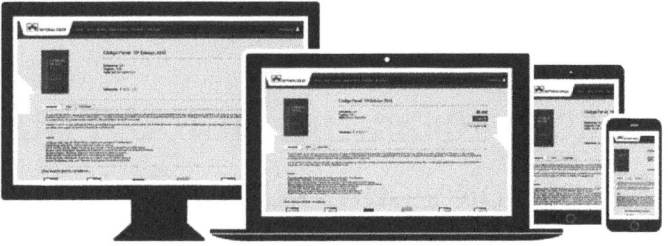

¡Gracias por confiar en nosotros!

La obra que acaba de adquirir incluye de forma gratuita la versión electrónica. Acceda a nuestra página web para aprovechar todas las funcionalidades de las que dispone en nuestro lector.

Funcionalidades eBook

Acceso desde cualquier dispositivo con conexión a internet

Idéntica visualización a la edición de papel

Navegación intuitiva

Tamaño del texto adaptable

Síguenos en:

TARJETAS REVOLVING

Cómo reclamar y conseguir su nulidad

TARJETAS REVOLVING

Cómo reclamar y conseguir su nulidad

2.ª EDICIÓN 2025

Obra realizada por el Departamento de Documentación de Iberley

COLEX 2025

© Editorial Colex, S.L.
Calle Costa Rica, número 5, 3º B (local comercial)
A Coruña, C.P. 15004
info@colex.es
www.colex.es

I.S.B.N.: 978-84-1194-951-4
Depósito legal: C 414-2025

SUMARIO

0.
INTRODUCCIÓN

Introducción

Las tarjetas *revolving* son el principal medio de disposición de los créditos *revolving* o revolventes. Antes de dar un concepto de las mismas es necesario hacer referencia a los créditos revolventes y sus notas características, a cuyo efecto cabe traer a colación la Orden ETD/699/2020, de 24 de julio, de regulación del crédito revolvente, de la que se infiere:

El principal elemento que caracteriza a un crédito *revolving* o revolvente es la posibilidad del prestatario de disponer hasta el límite de crédito concedido sin tener que abonar la totalidad de lo dispuesto a fin de mes o en plazo determinado.

El prestatario reembolsa el crédito dispuesto de forma aplazada mediante el pago de cuotas periódicas cuya cuantía variará en función del uso del instrumento del crédito y de los abonos que haga el prestatario.

El límite de crédito establecido disminuye según se dispone de él y a su vez se repone con abonos, así las cuantías de las cuotas amortizadas que el prestatario abona periódicamente vuelven al crédito disponible, ¿qué significa esto? Pues que se trata de un crédito que se renueva automáticamente cada vencimiento, de modo que es un crédito rotativo equiparable a una línea de crédito permanente.

Sobre el capital dispuesto se aplica el tipo de interés pactado.

Se comercializan mayoritariamente asociados a instrumentos de pago que prevén la posibilidad de establecer una modalidad de pago aplazado flexible o *revolving*, lo que facilita su accesibilidad y la inmediatez en la realización de disposiciones del límite por el titular.

A la vista de lo anterior, pueden definirse las tarjetas *revolving* como un tipo especial de tarjeta, cuya principal característica es el establecimiento de un límite de crédito cuyo disponible coincide inicialmente con aquel límite, que disminuye según se realizan cargos y se repone con abonos.

Las **principales características de las tarjetas** *revolving* se pueden concretar en las siguientes:

– La posibilidad de activar un crédito *revolving* se suele ofrecer junto con la posibilidad de operar alternativamente con la modalidad de pago diferido a fin de mes.

– Permiten el cobro aplazado con cuotas variables, como ya hemos visto al diferenciarlas de las tarjetas de crédito convencionales.

– Las cuantías de las cuotas que el titular de la tarjeta abona periódicamente vuelven a reintegrarse en el crédito disponible del cliente de modo que constituye un crédito que se renueva automáticamente a su vencimiento mensual. Es decir, se trata de un crédito rotativo equiparable a una línea de crédito permanente.

– Su funcionamiento consiste en disponer de un crédito con un límite determinado, cuya amortización se lleva a cabo con las cuotas mensuales abonadas a la entidad contando con un tipo de interés normalmente más elevado que el de los préstamos.

– En estas tarjetas, el titular de la misma puede disponer de hasta el límite de crédito que se concede a cambio del pago aplazado de las cuotas periódicas fijadas en el contrato. ¿Cómo serán dichas cuotas? Podrán consistir en:

  • Un porcentaje de la deuda con un mínimo previsto en el contrato.

  • Una cuota fija que puede elegir y cambiar el cliente dentro de los mínimos fijados por la entidad.

– Carácter indefinido: deriva de su condición de crédito revolvente toda vez que su duración va a depender de las cuotas que abone el titular. En este sentido, cuando las cuotas mensuales son bajas en relación con el total de la deuda, la amortización del principal se realiza de forma prolongada en el tiempo lo que supone el pago de una mayor cantidad de intereses.

Los mayores problemas en materia de tarjetas *revolving* se han suscitado en relación con los intereses de las mismas. Estos intereses son generalmente más elevados que los utilizados en los préstamos, lo que en numerosas ocasiones ha llevado a plantearse su carácter usurario y abusivo. Tales planteamientos han dado lugar a abundante jurisprudencia al respecto en tanto son los tribunales los encargados de resolver sobre el carácter usurario de los intereses fijados.

A lo largo de la presente guía el lector podrá conocer en detalle las diferentes sentencias que el Tribunal Supremo ha dictado al respecto, y por las que ha ido perfilando su jurisprudencia sobre la usura o falta de transparencia en estas tarjetas. Desde la primera sentencia dictada en el año 2015 como a las últimas de los meses de enero y marzo de 2025.

En esta obra también se desarrolla lo relativo al procedimiento de reclamación por nulidad del tipo de interés en las tarjetas *revolving*. Así, se distingue entre la reclamación extrajudicial, con la novedad de los denominados «MAS» de aplicación a partir del 3 de abril de 2025, y la reclamación judicial, con la novedad aplicable desde marzo del 2024, por la que las demandas en que se ejerciten acciones individuales relativas a condiciones generales de la contratación se tramitarán conforme a las reglas del juicio verbal, dejando las colectivas para la vía del juicio ordinario.

Además, el lector encontrará información acerca de la condena en costas, con diversas novedades implantadas por la LO 1/2025, de 2 de enero, como un capítulo dedicado al denominado «procedimiento testigo», aplicable a este tipo de reclamaciones.

1.
LOS CONTRATOS DE CRÉDITO AL CONSUMO

¿Qué es un contrato de crédito al consumo?

El contrato de crédito al consumo se regula en la Ley 16/2011, de 24 de junio, de contratos de crédito al consumo (LCCC) cuyo artículo 1 lo define como aquel contrato por el que un prestamista concede o se compromete a conceder a un consumidor un crédito bajo la forma de:

- – Pago aplazado.
- – Préstamo.
- – Apertura de crédito.
- – Cualquier medio equivalente de financiación.

A los efectos de la LCCC, no se consideran contratos de crédito los que consistan en el suministro de bienes de un mismo tipo o en la prestación continua da de servicios, siempre que asista al consumidor el derecho a pagar por tales bienes o servicios a plazos durante el período de su duración.

A TENER EN CUENTA. En el DOUE del 30/10/2023 se ha publicado la Directiva (UE) 2023/2225 del Parlamento Europeo y del Consejo, de 18 de octubre de 2023, relativa a los contratos de crédito al consumo y por la que se deroga la Directiva 2008/48/CE. El plazo de transposición por parte de los Estados miembros se fija hasta el 20 de noviembre de 2025, para ser aplicadas estas nuevas medidas a partir del 20 de noviembre de 2026. Esta directiva tiene como finalidad reforzar la protección del consumidor «En ese contexto, y con el fin de garantizar un alto nivel de protección de los consumidores y facilitar el mercado transfronterizo del crédito al consumo, el ámbito de aplicación de la presente Directiva debe incluir algunos contratos que habían quedado excluidos del ámbito de aplicación de la Directiva 2008/48/CE, como, por ejemplo, los contratos de crédito al consumo cuyo importe total de crédito sea inferior a 200 EUR (...)».

|| Contratos excluidos de la LCCC

Las exclusiones de la LCCC se contemplan en su artículo 3 del que se infieren que quedan excluidos de la LCCC los siguientes:

- Los contratos de crédito garantizados con hipoteca inmobiliaria.
- Los contratos de crédito que tengan por finalidad adquirir o conservar derechos de propiedad sobre terrenos o edificios construidos o por construir.
- Los contratos de crédito cuyo importe total sea inferior a 200 euros.
- Los contratos de arrendamiento o de arrendamiento financiero en los que no se establezca una obligación de compra del objeto del contrato por el arrendatario ni en el propio contrato ni en otro aparte. Existe obligación si el prestamista así lo ha decidido unilateralmente.
- Los contratos de crédito concedidos en forma de facilidad de descubierto y que tengan que reembolsarse en el plazo máximo de un mes.
- Los contratos de crédito concedidos libres de intereses y sin ningún otro tipo de gastos, y los contratos de crédito en virtud de los cuales el crédito deba ser reembolsado en el plazo máximo de tres meses y por los que solo se deban pagar unos gastos mínimos. En este sentido, los gastos mínimos no podrán exceder en su conjunto, excluidos los impuestos, del 1 % del importe total del crédito.
- Los contratos de crédito concedidos por un empresario a sus empleados a título subsidiario y sin intereses o cuyas tasas anuales equivalentes sean inferiores a las del mercado —esto, es inferiores al tipo de interés legal del dinero—, y que no se ofrezcan al público en general.
- Los contratos de crédito celebrados con empresas de servicios de inversión o con entidades de crédito con la finalidad de que un inversor pueda realizar una operación relativa a uno o más de los instrumentos financieros enumerados en el artículo 2 de la Ley 6/2023, de 17 de marzo, de los Mercados de Valores y de los Servicios de Inversión, cuando la empresa de inversión o la entidad de crédito que concede el crédito participe en la operación.

A TENER EN CUENTA. La letra h) del artículo 3 de la LCCC hace referencia al artículo 2 de la Ley 24/1988, de 28 de julio, del Mercado de Valores, la cual ha sido derogada por Real Decreto Legislativo 4/2015, de 23 de octubre, por el que se aprueba el texto refundido de la Ley del Mercado de Valores, si bien este último también se ha derogado en la letra a) del apartado 1 de la disposición derogatoria única de la Ley 6/2023, de 17 de marzo, con el alcance establecido en la disposición final 15 de la misma («4. Hasta que se dicten las normas reglamentarias de desarrollo de la presente ley, se mantendrán en vigor las normas vigentes sobre los mercados de valores y los servicios de inversión, en tanto no se opongan a lo establecido en esta ley».).

- Los contratos de crédito que sean resultado de un acuerdo alcanzado en los tribunales.

- Los contratos de crédito relativos al pago aplazado, sin intereses, comisiones ni otros gastos, de una deuda existente.
- Los contratos de crédito para cuya celebración se pide al consumidor que entregue un bien al prestamista como garantía de seguridad y en los que la responsabilidad del consumidor está estrictamente limitada a dicho bien.

CUESTIONES

1. A los efectos de determinar el importe total del contrato de crédito, ¿cuándo se entenderá como única la cuantía de un mismo crédito?

Señala la letra c) del artículo 3 de la LCCC, en relación con la exclusión de los contratos de crédito cuyo importe total sea inferior a 200 euros, que se entenderá como única la cuantía de un mismo crédito, aunque aparezca distribuida en contratos diferentes celebrados entre las mismas partes y para la adquisición de un mismo bien o servicio, aun cuando los créditos hayan sido concedidos por diferentes miembros de una agrupación, tenga esta o no personalidad jurídica.

2. ¿Qué sucede en el caso de que se trate de contratos de crédito cuyo importe total sea superior a 75.000 euros?

El apartado 5 del artículo 4 de la LCCC dentro de las normas sobre aplicación parcial de esta ley contempla en que a los contratos de crédito con importe total superior a 75.000 euros solo les serán aplicables los siguientes aspectos de la Ley 16/2011, de 24 de junio:

- Las disposiciones generales de los artículos 1 a 7 de la LCCC.
- Lo relativo a la oferta vinculante, la información básica que debe incluirse en la publicidad, la información previa al contrato y la asistencia al consumidor previa al contrato (arts. 8 a 11 de la LCCC).
- La obligación de evaluar la solvencia del consumidor del artículo 14 de la LCCC.
- Lo previsto respecto al acceso a los ficheros del artículo 15 de la LCCC.
- Los artículos 32 a 36 de la LCCC en relación con la tasa anual equivalente, intermediarios de crédito, régimen sancionador y régimen de impugnaciones.

‖ ¿Cuáles son las partes del contrato de crédito al consumo?

Conforme al artículo 3 de la LCCC cabe hacer referencia a las siguientes:

- **Consumidor**: es la persona física que en los contratos de crédito al consumo actúa con fines que están al margen de su actividad comercial o profesional.
- **Prestamista**: es la persona física o jurídica que concede o se compromete a conceder un crédito en el ejercicio de su actividad comercial o profesional.
- **Intermediario de crédito**: es la persona física o jurídica que no actúa como prestamista y que, en el transcurso de su actividad comercial o profesional, contra una remuneración que puede ser de índole pecuniaria o revestir cualquier otra forma de beneficio económico acordado:
  • Presenta u ofrece contratos de crédito.

- Asiste a los consumidores en los trámites previos de los contratos de crédito distintos de los anteriores.

- O, celebra contratos de crédito con consumidores en nombre del prestamista.

El artículo 5 de la LCCC contempla el **carácter imperativo** de sus normas lo que supone que los consumidores no podrán renunciar a los derechos que la citada ley les reconoce, es más, la renuncia a tales derechos y los actos contrarios a la ley serán nulos. Además, si los actos se realizan en fraude de ley se sancionarán conforme al artículo 6 del CC.

CUESTIONES

1. Si al contrato de crédito le resulta de aplicación por elección de las partes la legislación de un tercer Estado ¿podrán aplicársele las normas de protección a los consumidores de la LCCC?

Sí, así lo prevé el apartado 3 del artículo 5 de la LCCC exigiendo como requisito para ello que el contrato tenga un vínculo estrecho con el territorio de un Estado miembro del Espacio Económico Europeo.

2. A los efectos anteriores ¿cuándo se entiende vínculo estrecho?

Cuando el prestamista o el intermediario de crédito ejerciere sus actividades en uno o varios Estados miembros del Espacio Económico Europeo o por cualquier medio de publicidad o comunicación dirigiere tales actividades a uno o varios Estados miembros y el contrato de crédito estuviere comprendido en el marco de esas actividades.

¿Cuál es el contenido económico del contrato de crédito al consumo?

Al hablar del contenido económico de estos contratos cabe hacer referencia a los siguientes conceptos (art. 6 de la LCCC):

Coste total del crédito para el consumidor	Todos los gastos que el consumidor deba pagar en relación con el contrato de crédito y que sean conocidos por el prestamista (intereses, comisiones, impuestos...). Excepción: los gastos de notaría.
Importe total adeudado por el consumidor	Suma del importe total del crédito más el coste total del crédito para el consumidor.
Importe total del crédito	Importe máximo o suma de todas las cantidades puestas a disposición del consumidor en el marco de un contrato de crédito.
Tasa anual equivalente	Coste total del crédito para el consumidor expresado como porcentaje anual del importe total del crédito concedido más, si procede, los costes del apartado 2 del 32 de la LCCC. Su cálculo se ajustará a lo previsto en el artículo 32 de la LCCC.
Tipo deudor	Tipo de interés expresado como porcentaje fijo o variable aplicado con carácter anual al importe del crédito utilizado.
Tipo deudor fijo	Tipo deudor acordado por el prestamista y el consumidor en el contrato de crédito para la duración total del mismo o para períodos parciales, que se fija utilizando un porcentaje fijo específico.

CUESTIONES

1. ¿El coste de los servicios accesorios relacionados con el contrato entra dentro del coste total del crédito para el consumidor?

Sí, siempre que la obtención del crédito en las condiciones ofrecidas esté condicionada a la celebración del contrato de servicios. Cabe hacer especial mención, en este caso, a la inclusión de las primas de seguros en tal concepto.

2. ¿Qué sucede cuando en el contrato de crédito no se establecen todos los tipos deudores fijos?

En este caso se considerará que el tipo deudor fijo se ha establecido solo para los períodos parciales para los que los tipos deudores se establezcan exclusivamente mediante un porcentaje fijo específico acordado al celebrarse el contrato de crédito.

Actuaciones previas al contrato de crédito al consumo

Las actuaciones previas al contrato de crédito se contemplan en los artículos 8 a 14 de la LCCC debiendo hacer referencia a: la oferta vinculante, la información precontractual, la asistencia previa al consumidor y la evaluación de la solvencia del consumidor.

|| Oferta vinculante

El artículo 8 de la LCCC contempla la obligación del prestamista de **entregar un documento como oferta vinculante** ¿cuáles son los requisitos de esta obligación?

– Que el prestamista ofrezca un crédito a un consumidor.

– Que el consumidor lo solicite.

– Que la entrega sea previa a la celebración del contrato. ¿Qué sucede si se hace al mismo tiempo que la comunicación de la información previa? En este caso, debe facilitarse la oferta en documento separado.

– Que el documento contenga todas las condiciones del crédito de forma idéntica a lo previsto para la información previa en el artículo 10 de la LCCC.

– La oferta ha de mantenerse durante un mínimo de 14 días naturales desde su entrega, salvo circunstancias extraordinarias o no imputables al prestamista.

|| Información precontractual

A TENER EN CUENTA. Toda información que conforme a la LCCC se haya de proporcionar al consumidor, previamente al contrato, durante el mismo o al tiempo de su extinción, constará en papel o en cualquier otro soporte duradero (apartado 1 del art. 7 de la LCCC).

En cuanto a las obligaciones de información previas a la celebración del contrato cabe hacer referencia, en primer lugar, a la **información básica que ha de contener la publicidad** (art. 9 de la LCCC), de modo que toda la **publi-**

cidad de créditos al consumo que indique el tipo de interés o alguna cifra relacionada con el coste debe informar de forma clara, concisa y destacada mediante un ejemplo representativo de:

- El tipo deudor fijo o variable y los recargos incluidos en el coste total del crédito para el consumidor.
- El importe total del crédito.
- La tasa anual equivalente. Se exceptúan los contratos en que el crédito se conceda en forma de posibilidad de descubierto y que deban reembolsarse previa petición o en el plazo de tres meses.
- En su caso, la duración del contrato de crédito, el importe total adeudado por el consumidor y el importe de los pagos a plazos.
- En el caso de los créditos en forma de pago aplazado de un bien o servicio en particular, el precio al contado y el importe de los posibles anticipos.

En segundo lugar, antes de firmar el contrato, el consumidor debe recibir de forma gratuita y por escrito, o en algún otro soporte duradero, mediante la información normalizada europea, la **información necesaria para comparar diversas ofertas y adoptar una decisión informada sobre la suscripción de un contrato de crédito.** Esta información previa incluirá (art. 10 de la LCCC):

- El tipo de crédito.
- La identidad y el domicilio social del prestamista y, en su caso del intermediario del crédito.
- El importe total del crédito y las condiciones que rigen la disposición de fondos.
- La duración del contrato de crédito.
- En caso de créditos en forma de pago diferido por un bien o servicio y de contratos de crédito vinculados, el producto o servicio y su precio al contado.
- El tipo deudor y las condiciones de su aplicación, y, en su caso, los índices o tipos de referencia aplicables al tipo deudor inicial, así como los períodos, condiciones y procedimientos de variación del tipo deudor.
- La tasa anual equivalente y el importe total adeudado por el consumidor.
- El importe, el número y la periodicidad de los pagos que deberá efectuar el consumidor y en su caso el orden en que deben asignarse los pagos a distintos saldos pendientes sometidos a distintos tipos deudores a efectos de reembolso.
- En su caso, los gastos de mantenimiento de una o varias cuentas, si fuera necesario para registrar a la vez las operaciones de pago y de disposición del crédito, salvo que la apertura de la cuenta sea facultativa, los gastos relativos a la utilización de un medio de pago que permita efectuar a la vez aquellas actuaciones, y cualquier gasto derivado del contrato de crédito y las condiciones en que dichos gastos podrán modificarse.

- En su caso, la existencia de costes adeudados al notario por el consumidor al suscribir el contrato de crédito.

- Los servicios accesorios al contrato de crédito, en particular de seguro, cuando la obtención del crédito o su obtención en las condiciones ofrecidas estén condicionadas a la suscripción del servicio accesorio. Deberán también facilitarse las condiciones que alternativamente se aplicarían al contrato de crédito al consumo si no se contrataran los servicios accesorios y, en particular, pólizas de seguros.

- El tipo de interés de demora, así como las modalidades para su adaptación y, cuando procedan, los gastos por impago.

- Una advertencia sobre las consecuencias en caso de impago.

- Cuando proceda, las garantías exigidas.

- La existencia o ausencia de derecho de desistimiento.

- El derecho de reembolso anticipado y, en su caso, información sobre el derecho del prestamista a una compensación y sobre la manera en que se determinará esa compensación.

- El derecho del consumidor a ser informado de forma inmediata y gratuita del resultado de la consulta de una base de datos para la evaluación de su solvencia.

- El derecho del consumidor a recibir gratuitamente, previa solicitud, una copia del proyecto del contrato de crédito, salvo que en el momento de la solicitud el prestamista no esté dispuesto a celebrar el contrato de crédito con el consumidor.

- En su caso, el período de tiempo durante el cual el prestamista queda vinculado por la información precontractual.

En tercer lugar, el artículo 11 de la LCCC recoge la obligación de los prestamistas y, en su caso, los intermediarios de crédito, de **facilitar al consumidor las explicaciones adecuadas de forma individualizada para que pueda evaluar si el contrato de crédito es adecuado a sus intereses, necesidades y situación financiera.** Si a tales efectos se considera necesario se explicará la información precontractual, las características esenciales de los productos propuestos y los efectos específicos que pueden tener sobre el consumidor, incluidas las consecuencias del impago.

En cuarto lugar, el artículo 12 de la LCCC hace referencia a la **información previa a la celebración de determinados contratos de crédito** ¿cuáles? Se refiere a los contratos previstos en:

- El párrafo segundo del apartado 1 del artículo 4 de la LCCC, es decir, contratos en los que el crédito se conceda en forma de posibilidad de descubierto y que deban reembolsarse previa petición o en el plazo máximo de tres meses.

- El apartado 4 del artículo 4 de la LCCC, es decir, contratos de crédito que prevean que el prestamista y el consumidor pueden establecer acuerdos relativos al pago aplazado o los métodos de reembolso cuando el consumidor ya se encuentre en situación de falta de pago del contrato de crédito inicial, siempre que tales acuerdos puedan evitar la posibilidad de actuaciones judiciales relativas al impago y el consumidor no se vea sometido a condiciones menos favorables que las establecidas en el contrato de crédito inicial.

> **A TENER EN CUENTA**. El incumplimiento de los requisitos previstos sobre la información previa y su suministro en los artículos 10 y 12 de la LCCC dará lugar a la anulabilidad del contrato. Si se mantiene su eficacia se integrará conforme a lo previsto en el Real Decreto Legislativo 1/2007, de 16 de noviembre, por el que se aprueba el texto refundido de la Ley General para la Defensa de los Consumidores y Usuarios y otras leyes complementarias y en las demás normas aplicables (apartado 2 del art. 7 de la LCCC).

El artículo 13 de la LCCC exceptúa de los requisitos de información precontractual previstos en los anteriores artículos 10, 11 y 12 a los proveedores de bienes o servicios que solo actúen como intermediarios de crédito a título subsidiario, ello sin perjuicio de las obligaciones del prestamista de garantizar que el consumidor reciba la información y asistencia precontractual sin las cuales no se podrá formalizar un contrato de crédito al consumo.

> **CUESTIÓN**
>
> **¿Cuándo se considera que los proveedores de bienes y servicios actúan como intermediarios de crédito a título subsidiario?**
>
> Conforme al artículo 13 de la LCCC, los proveedores de bienes y servicios actuarán como intermediarios de crédito a título subsidiario si su actividad como intermediarios no constituye el objeto principal de su actividad comercial, empresarial o profesional.

‖ Evaluación de la solvencia del consumidor

Con anterioridad a la celebración del contrato de crédito, el prestamista debe evaluar la solvencia del consumidor para ello se usará como base una información suficiente obtenida por los medios adecuados a tal fin como, por ejemplo, la información facilitada por el consumidor a solicitud del prestamista o intermediario en la concesión de crédito.

Asimismo, podrá el prestamista consultar los ficheros de solvencia patrimonial y crédito («ficheros de morosos») previstos en la normativa sobre protección de datos. A estos efectos, debe tenerse en cuenta lo que respecto al acceso a los mismos prevé el artículo 15 de la LCCC.

> **A TENER EN CUENTA**. Los ficheros de solvencia patrimonial y crédito aparecían regulados en el artículo 29 de la Ley Orgánica 15/1999, de 13 de diciembre, de Protección de Datos de Carácter Personal, si bien esta ha sido derogada por la actual Ley Orgánica 3/2018, de 5 de diciembre, de Protección de Datos Personales y garantía de los derechos digitales, que alude en su artículo 20, en idéntico sentido, a los llamados sistemas de información crediticia.

Tratándose de entidades de crédito, para evaluar la solvencia del consumidor, se atenderá a las normas específicas sobre gestión de riesgos y control interno que les sean de aplicación.

CUESTIÓN

¿Qué sucede si las partes deciden modificar el importe total del crédito tras la celebración del contrato de crédito?

En este caso, señala el apartado 2 del artículo 14 de la LCCC que el prestamista deberá actualizar la información financiera de que dispone sobre el consumidor y evaluar su solvencia antes de aumentar significativamente el importe total del crédito.

Forma y contenido de los contratos de crédito al consumo

Los contratos de crédito al consumo deben constar por escrito en papel o en otro soporte duradero y redactarse con una letra legible y con un contraste de impresión adecuado. Deben las partes recibir un ejemplar del mismo.

En cuanto al contenido de los contratos, además de las condiciones esenciales, deben expresar clara y concisamente los siguientes aspectos (apartado 2 del art. 16 de la Ley 16/2011, de 24 de junio, de contratos de crédito al consumo):

– El tipo de crédito.

– La identidad y el domicilio social de las partes contratantes, y, en su caso, del intermediario de crédito.

– La duración del contrato de crédito.

– El importe total del crédito y las condiciones de disposición del mismo.

– En los créditos en forma de pago diferido de un bien o servicio o en contratos de crédito vinculados, el producto o servicio y su precio al contado.

– El tipo deudor y sus condiciones de aplicación, si se dispone de ellos, los índices o tipos de referencia aplicables al tipo deudor inicial, así como los períodos, condiciones y procedimientos de variación del tipo deudor y, si se aplican diferentes tipos deudores en diferentes circunstancias, la información mencionada respecto de todos los tipos aplicables. En relación con el tipo deudor hay que tener en cuenta lo previsto en el artículo 18 de la Ley 16/2011, de 24 de junio, de contratos de crédito al consumo.

– La tasa anual equivalente y el importe total adeudado por el consumidor, calculados al tiempo de la suscripción del contrato, con mención de todas las hipótesis utilizadas para calcular el porcentaje. El cálculo de la tasa anual equivalente se regula en el artículo 32 de la Ley 16/2011, de 24 de junio, de contratos de crédito al consumo.

– El importe, el número y la periodicidad de los pagos que deberá efectuar el consumidor y, cuando proceda, el orden en que deben asignarse los pagos a distintos saldos pendientes sometidos a distintos tipos deudores a efectos de reembolso.

– En caso de amortización del capital de un contrato de crédito de duración fija, el derecho del consumidor a recibir gratuitamente un extracto de cuenta, en forma de cuadro de amortización, previa solicitud y en cualquier momento a lo largo de toda la duración del contrato de crédito. El cuadro de amortización se ajustará a lo previsto en la letra i) del apartado 2 del artículo 16 de la Ley 16/2011, de 24 de junio, de contratos de crédito al consumo.

> **A TENER EN CUENTA.** En estos casos, el prestamista deberá poner gratuitamente a disposición del consumidor un extracto de cuenta en forma de cuadro de amortización en cualquier momento a lo largo de toda la duración del contrato de crédito.

- En caso de que hayan de pagarse recargos e intereses sin amortización de capital, una relación de los períodos y las condiciones de pago de los intereses deudores y de los gastos conexos recurrentes y no recurrentes.

- En su caso, los gastos de mantenimiento de una o varias cuentas que registren a la vez operaciones de pago y de disposición del crédito, salvo que la apertura de la cuenta sea opcional, los gastos relativos a la utilización de un medio de pago que permita efectuar tanto operaciones de pago como de disposición del crédito, así como los demás gastos derivados del contrato de crédito y las condiciones en que dichos costes pueden modificarse.

- El tipo de interés de demora aplicable en el momento de la celebración del contrato de crédito y los procedimientos para su ajuste y, cuando proceda, los gastos por impago.

- Las consecuencias en caso de impago.

- Cuando proceda, una declaración que establezca el abono de gastos de notaría.

- Las garantías y los seguros a los que se condicione la concesión del crédito.

- La existencia o ausencia de derecho de desistimiento y el plazo y demás condiciones para ejercerlo (art. 28 de la Ley 16/2011, de 24 de junio, de contratos de crédito al consumo).

- Información sobre los derechos relacionados con los contratos de crédito vinculados y las condiciones para su ejercicio (art. 29 de la Ley 16/2011, de 24 de junio, de contratos de crédito al consumo).

- El derecho de reembolso anticipado, el procedimiento aplicable, así como en su caso información sobre el derecho del prestamista a una compensación y sobre la manera en que se determinará esta. En el caso de reembolso anticipado si el contrato de crédito tiene vinculado uno de seguro, el derecho del prestatario a la devolución de la prima no consumida en los términos que establezca la póliza (art. 30 de la Ley 16/2011, de 24 de junio, de contratos de crédito al consumo).

- El procedimiento para ejercer el derecho de poner fin al contrato de crédito.

- La existencia o no de procedimientos extrajudiciales de reclamación y recurso para el consumidor, y, en caso de que existan, la forma en que el consumidor puede acceder a ellos.

- Las demás condiciones del contrato, cuando proceda.
- En su caso, nombre y dirección de la autoridad de supervisión competente.

CUESTIONES

1. ¿Qué sucede en los casos de contratos de crédito en que los pagos al consumidor no producen una amortización correspondiente del importe total del crédito?

Señala el apartado 4 del artículo 16 de la Ley 16/2011, de 24 de junio, de contratos de crédito al consumo que en estos casos, si los pagos al consumidor no producen una amortización correspondiente del importe total del crédito, sino que sirven para reconstituir el capital y los períodos fijados en el contrato de crédito o en un contrato accesorio, la información precontractual exigida debe incluir una declaración clara y concisa de que tales contratos no prevén una garantía de reembolso del importe total del crédito del que se haya dispuesto en virtud del contrato de crédito, salvo que se conceda tal garantía.

2. ¿Podrá modificarse el coste total del crédito?

No podrá modificarse el coste total del crédito en perjuicio del consumidor, salvo que lo prevean las partes de mutuo acuerdo formalizado por escrito. En caso de que sea posible la modificación se llevará a cabo conforme a lo previsto en los apartados 2 a 4 del artículo 22 de la Ley 16/2011, de 24 de junio, de contratos de crédito al consumo.

La LCCC, además de las reglas generales de forma de los contratos de crédito señaladas, contempla supuestos especiales con requisitos formales propios cuales son:

- Contratos de crédito en forma de posibilidad de descubierto, artículos 17, 19 y 20 de la Ley 16/2011, de 24 de junio, de contratos de crédito al consumo. Este último sobre el descubierto tácito. Se contemplan en este caso obligaciones de información específicas de estos contratos.

- Contratos de crédito de duración indefinida, artículo 27 de la Ley 16/2011, de 24 de junio, de contratos de crédito al consumo. El consumidor podrá poner fin gratuitamente y en cualquier momento, por el procedimiento habitual o en la misma forma en que lo celebró, a un contrato de crédito de duración indefinida, a menos que las partes hayan convenido un plazo de notificación. El plazo de preaviso no podrá exceder de un mes.

- Contratos de crédito vinculados, artículo 29 de la Ley 16/2011, de 24 de junio, de contratos de crédito al consumo. Son aquellos en que el crédito contratado sirve exclusivamente para financiar un contrato relativo al suministro de bienes específicos o a la prestación de servicios específicos y ambos contratos constituyen una unidad comercial desde un punto de vista objetivo.

CUESTIÓN

¿Cuáles son las ventajas del consumidor relativas a la celebración de un contrato de crédito vinculado?

Para responder a esta cuestión hay que traer a colación los apartados 2 y 3 del artículo 29 de la Ley 16/2011, de 24 de junio, de contratos de crédito al consumo, así, en el caso de que el consumidor haya ejercido derecho de desistimiento respecto a un contrato de suministro de bienes o servicios financiado total o parcialmente mediante un contrato de crédito vinculado, dejará de estar obligado por este sin penalización alguna para él.

Asimismo, el consumidor puede ejercitar los derechos que le corresponden frente al proveedor de los bienes o servicios adquiridos mediante un contrato de crédito vinculado, esos mismos derechos podrá ejercitarlos frente al prestamista concurriendo los siguientes requisitos:

– Que no se hayan entregado en todo o en parte los bienes o servicios objeto del contrato o que no sean conformes a lo pactado en el contrato.

– Que el consumidor haya reclamado judicial o extrajudicialmente, por cualquier medio acreditado en derecho, contra el proveedor y no haya obtenido la satisfacción a la que tiene derecho.

|| Penalizaciones por defectos de forma

El artículo 21 de la Ley 16/2011, de 24 de junio, de contratos de crédito al consumo hace referencia a las penalizaciones que proceden en caso de falta de forma y por omisión de cláusulas obligatorias, en este sentido, cabe destacar los siguientes supuestos:

DEFECTO	PENALIZACIÓN
Incumplimiento de la forma escrita	Anulabilidad del contrato
Falta de mención a la tasa anual equivalente	Obligación del consumidor se reduce a abonar el interés legal en los plazos convenidos
Ausencia de mención al importe, número y periodicidad de los pagos (letra h del apartado 2 del art. 16 de la LCCC) y siempre que no exista omisión o inexactitud en el plazo	La obligación del consumidor se reducirá a pagar el precio al contado o el nominal del crédito en los plazos convenidos
Omisión o inexactitud de los plazos	El pago no podrá ser exigido al consumidor antes de la finalización del contrato
Cuando los datos previstos en el apartado 2 del artículo 16 y en el art. 17 de la LCCC figuren en el contrato, pero sean inexactos	Se modularán las consecuencias anteriores atendiendo al perjuicio que debido a la inexactitud sufra el consumidor

¿Qué sucede en los casos de nulidad o resolución de los contratos de adquisición o financiación de bienes determinados? Si se trata de créditos concedidos para la adquisición de tales bienes, recuperado el bien como consecuencia de la nulidad o resolución del contrato, las partes deberán restituirse recíprocamente las prestaciones realizadas. El empresario o prestamista a quien no sea imputable la nulidad tendrá, en todo caso, derecho a deducir (art. 23 de la Ley 16/2011, de 24 de junio, de contratos de crédito al consumo):

– El 10 % del importe de los plazos pagados en concepto de indemnización por la tenencia de las cosas por el comprador.

– Una cantidad igual al desembolso inicial por la depreciación comercial del objeto. Si esta cantidad es superior a la quinta parte del precio de venta, la deducción se reducirá a esta última.

En caso de que la cosa vendida se deteriore, podrá el vendedor exigir también la indemnización que proceda en derecho.

|| Cobro indebido derivado de un contrato de crédito

Todo cobro indebido derivado de un contrato de crédito devengará inmediatamente el interés legal, si bien si el interés contractual fuese superior al legal, devengará el contractual (art. 25 de la Ley 16/2011, de 24 de junio, de contratos de crédito al consumo).

¿Qué sucede en caso de que el cobro indebido derive de dolo o negligencia del prestamista? En este caso, el consumidor tendrá derecho a la indemnización de los daños y perjuicios causados. Esta nunca será inferior al interés legal, o al contractual si es superior a este, incrementados en cinco puntos.

|| Eficacia de los contratos de consumo vinculados a la obtención || de un crédito

La eficacia de los contratos de consumo que tengan por objeto adquirir bienes o servicios por un consumidor, en los que este y el proveedor hayan acordado que el pago del precio se financie total o parcialmente mediante un contrato de crédito, quedará condicionada a la efectiva obtención del crédito. Si existe en el contrato de consumo pacto por el que se obliga al consumidor a pagar al contado o a otras formas de pago en defecto de la obtención del crédito, el pacto será nulo.

Las cláusulas en las que el proveedor exija que el crédito para su financiación solo pueda otorgarse por un determinado prestamista se tendrán por no puestas.

> **A TENER EN CUENTA**. La ineficacia del contrato de consumo determinará la ineficacia del contrato de crédito destinado a su financiación.

Asimismo, debe quedar acreditada documentalmente, en todo caso, la identidad del proveedor de los bienes o servicios en el contrato de consumo y la del prestamista en el contrato de crédito. De este modo, cada uno de ellos aparecerá ante el consumidor como sujeto de las operaciones relacionadas con los respectivos contratos. El consumidor podrá en todo momento decidir no concertar el contrato de crédito, pagando en la forma acordada con el proveedor en el contrato de consumo.

¿En qué consiste el derecho de desistimiento de un contrato de crédito?

Se define el derecho de desistimiento de un contrato de crédito como la **facultad del consumidor de dejar sin efecto el contrato celebrado**, para lo que dispone de 14 días naturales desde la suscripción del contrato o desde que reciba la información y las condiciones contractuales para comunicarlo a la otra parte contratante sin indicar los motivos y sin ser penalizado por ello (apartado 1 del art. 28 de la Ley 16/2011, de 24 de junio, de contratos de crédito al consumo).

Obligaciones del consumidor que ejerce el derecho de desistimiento:

- Comunicarlo en plazo al prestamista de modo que quede constancia de la notificación.

- El consumidor debe, sin retraso indebido y en todo caso dentro de los 30 días siguientes al envío del documento de desistimiento, devolver el dinero prestado más los intereses acumulados sobre ese capital entre la fecha de disposición del crédito y la fecha de reembolso del capital.

A TENER EN CUENTA. El prestamista no tiene derecho a reclamar al consumidor ninguna otra compensación en caso de desistimiento, salvo la compensación de los gastos no reembolsables abonados por aquel a la Administración pública.

Por último, cuando la contratación del crédito proporciona un servicio accesorio vinculado con el contrato de crédito, si el consumidor desiste del crédito deja también de estar vinculado a ese servicio accesorio, por lo que tiene derecho a solicitar a la compañía de seguros el reembolso de la parte de la prima no consumida.

Reembolso anticipado (art. 30 de la LCCC)

Consiste en la posibilidad del consumidor de liquidar anticipadamente, de forma total o parcial y en cualquier momento, las obligaciones derivadas del contrato de crédito. Esta posibilidad genera el derecho a la reducción del coste total del crédito que comprenda los intereses y costes correspondientes a la duración del contrato que queda pendiente.

Si el reembolso anticipado se produce en período en que el tipo deudor es fijo, surge el derecho del prestamista a una compensación justa y justificada objetivamente por los costes que deriven del reembolso anticipado del crédito. Esta compensación no podrá exceder del 1 % del importe del crédito reembolsado anticipadamente si resta entre el reembolso anticipado y la terminación acordada del contrato de crédito más de un año. Si no excede de un año no podrá exceder del 0,5% del importe del crédito reembolsado anticipadamente.

¿Cuándo no podrá reclamarse compensación alguna en estos casos? Conforme al apartado 3 del artículo 30 de la Ley 16/2011, de 24 de junio, de contratos de crédito al consumo:

Si el reembolso se ha efectuado en cumplimiento de un contrato de seguro destinado a garantizar el reembolso del crédito.

En caso de posibilidad de descubierto.

Si el reembolso anticipado se produce dentro de un período para el que no se haya fijado el tipo de interés deudor.

CUESTIÓN

¿Podrá reclamarse en algún caso una compensación más elevada de la prevista anteriormente?

Sí, en caso de que el prestamista pruebe la existencia de pérdidas producidas de forma directa como consecuencia del reembolso anticipado del crédito. No obstante, si la compensación reclamada por el prestamista supera las pérdidas sufridas realmente, el consumidor podrá exigir la reducción correspondiente.

Ninguna compensación excederá del importe del interés que el consumidor habría pagado durante el período de tiempo comprendido entre el reembolso anticipado y la fecha pactada de finalización del contrato de crédito.

En el caso de que el crédito reembolsado cuente con un seguro vinculado, la compañía de seguros tiene obligación de devolver al consumidor la parte de la prima no consumida.

Para terminar, cabe hacer referencia al caso de que **los derechos del prestamista en virtud de un contrato de crédito o el propio contrato sean cedidos a un tercero** —art. 31 de la Ley 16/2011, de 24 de junio, de contratos de crédito al consumo—, pues bien, en este caso, el consumidor tendrá derecho a oponer contra el tercero las mismas excepciones y defensas que le hubieran correspondido contra el acreedor originario, incluida la compensación. Asimismo, de la cesión anterior se informará al consumidor, salvo que el prestamista original, de conformidad con el nuevo titular, siga prestando los servicios relativos al crédito al consumidor.

2.
LAS TARJETAS REVOLVING

¿Qué son las tarjetas revolving?

Las **tarjetas** *revolving* son el principal medio de disposición de los créditos *revolving* o revolventes. Antes de dar un concepto de las mismas es necesario hacer referencia a los créditos revolventes y sus notas características, a cuyo efecto cabe traer a colación la Orden ETD/699/2020, de 24 de julio, de regulación del crédito revolvente, de la que se infiere:

- El principal elemento que caracteriza a un crédito *revolving* o revolvente es la posibilidad del prestatario de disponer hasta el límite de crédito concedido sin tener que abonar la totalidad de lo dispuesto a fin de mes o en plazo determinado.

- El prestatario reembolsa el crédito dispuesto de forma aplazada mediante el pago de cuotas periódicas cuya cuantía variará en función del uso del instrumento del crédito y de los abonos que haga el prestatario.

- El límite de crédito establecido disminuye según se dispone de él y a su vez se repone con abonos, así las cuantías de las cuotas amortizadas que el prestatario abona periódicamente vuelven al crédito disponible, **¿qué significa esto?** Pues que se trata de un crédito que se renueva automáticamente cada vencimiento, de modo que es un crédito rotativo equiparable a una línea de crédito permanente.

- Sobre el capital dispuesto se aplica el tipo de interés pactado.

- Se comercializan mayoritariamente asociados a instrumentos de pago que prevén la posibilidad de establecer una modalidad de pago aplazado flexible o *revolving*, lo que facilita su accesibilidad y la inmediatez en la realización de disposiciones del límite por el titular.

A la vista de lo anterior, pueden definirse las tarjetas *revolving* como un tipo especial de tarjeta, cuya principal característica es el establecimiento de un límite de crédito cuyo disponible coincide inicialmente con aquel límite, que disminuye según se realizan cargos y se repone con abonos.

> **A TENER EN CUENTA.** Resulta interesante aquí traer a colación lo previsto sobre tarjetas revolving en la Memoria de Reclamaciones del Banco de España de 2017 y la más reciente de 2022.

En cuanto a la regulación de las tarjetas *revolving* hay que tener en cuenta, además de la citada **Orden ETD/699/2020, de 24 de julio**, de regulación del crédito revolvente, la Orden EHA/2899/2011, de 28 de octubre, de transparencia y protección del cliente de servicios bancarios, la cual fue modificada por aquella introduciendo, con efectos de 27 de enero de 2021, un nuevo capítulo III bis, artículos 33 bis a 33 octies, aplicable a los créditos al consumo de duración indefinida, dentro de los cuales pueden incardinarse las tarjetas *revolving* como veremos.

> **A TENER EN CUENTA.** En relación con la Orden EHA/2899/2011, de 28 de octubre, de transparencia y protección del cliente de servicios bancarios, hay que tener presente la Circular 3/2022, de 30 de marzo, del Banco de España, por la que se modifican diversas circulares, entre ellas y por lo que aquí interesa, destacar la Circular 5/2012, de 27 de junio, del Banco de España, a entidades de crédito y proveedores de servicios de pago, sobre transparencia de los servicios bancarios y responsabilidad en la concesión de préstamos.

CUESTIÓN

¿Las tarjetas revolving se equiparan a las tarjetas de crédito convencionales?

Atendiendo al concepto y notas características de las tarjetas revolving podría entenderse como modalidad de tarjeta de crédito convencional, si bien cabe señalar como diferencia entre unas y otras la siguiente. En las tarjetas *revolving* se permite el cobro aplazado mediante cuotas que podrán variar en función del uso que se haga del instrumento de pago y de los abonos que se realicen en la cuenta de crédito asociada, mientras que en las tarjetas de crédito las cantidades adeudadas se abonan de una sola vez o bien se establecen cuotas fijas hasta el total abono de los intereses y amortización de la financiación solicitada como si se tratase de un préstamo.

Por lo tanto, para diferenciar un crédito *revolving* de otros, la **sentencia de la Audiencia Provincial de Cantabria n.º 459/2023, de 19 de septiembre, ECLI:ES:APS:2023:1139**, entre otras, señala dos elementos diferenciadores, cuales son:

- La **forma de pago**: permite el cobro aplazado mediante el pago de cuotas variables en función del uso que se haga del instrumento de pago y de los abonos que se realicen en la cuenta de crédito asociada —en los contratos de crédito ordinarios la deuda se abona de una sola vez—, o cuotas fijas hasta el total abono de los intereses y amortización de la financiación solicitada.

- Su **carácter reconstructivo o revolvente**: el importe de las cuotas que el titular de la tarjeta abona de forma periódica vuelven a formar parte del crédito disponible mediante su renovación automática como si de una línea de crédito permanente se tratara y sobre el capital dispuesto se aplica el tipo de interés pactado.

2.1. Características

Notas características de las tarjetas *revolving*

Las **principales características de las tarjetas** *revolving*, en consonancia con lo ya expuesto, se pueden concretar en las siguientes:

– La posibilidad de activar un crédito *revolving* se suele ofrecer junto con la posibilidad de operar alternativamente con la modalidad de pago diferido a fin de mes.

– Permiten el cobro aplazado con cuotas variables, como ya hemos visto al diferenciarlas de las tarjetas de crédito convencionales.

– Las cuantías de las cuotas que el titular de la tarjeta abona periódicamente vuelven a reintegrarse en el crédito disponible del cliente de modo que constituye un crédito que se renueva automáticamente a su vencimiento mensual. Es decir, se trata de un crédito rotativo equiparable a una línea de crédito permanente.

– Su funcionamiento consiste en disponer de un crédito con un límite determinado, cuya amortización se lleva a cabo con las cuotas mensuales abonadas a la entidad contando con un tipo de interés normalmente más elevado que el de los préstamos.

– En estas tarjetas, el titular de la misma puede disponer de hasta el límite de crédito que se concede a cambio del pago aplazado de las cuotas periódicas fijadas en el contrato. ¿Cómo serán dichas cuotas? Podrán consistir en:

  • Un porcentaje de la deuda con un mínimo previsto en el contrato.

  • Una cuota fija que puede elegir y cambiar el cliente dentro de los mínimos fijados por la entidad.

– Carácter indefinido: deriva de su condición de crédito revolvente toda vez que su duración va a depender de las cuotas que abone el titular. En este sentido, cuando las cuotas mensuales son bajas en relación con el total de la deuda, la amortización del principal se realiza de forma prolongada en el tiempo lo que supone el pago de una mayor cantidad de intereses.

A TENER EN CUENTA. Con la finalidad de facilitar información a los usuarios sobre cómo se amortizará la deuda pendiente de una tarjeta revolving, en una determinada fecha y para una cuota mensual, el Banco de España ha puesto a disposición del público un simulador en el Portal del Cliente Bancario.

En cuanto a la forma de contratar las tarjetas *revolving*, las entidades de crédito ofrecen diversas formas bien, de forma presencial a través de un formulario que se rellena presencialmente en la oficina de la entidad correspondiente, como también puede realizarse vía electrónica (internet), telefónica o a través de la solicitud de financiación de una compra en un establecimiento sin intereses, pero que, a la vez, se firma un contrato por el que se adquiere una tarjeta *revolving*.

Este tipo de tarjetas son un reclamo muy atractivo a los consumidores ya que, las entidades de crédito, suelen ofrecerlas destacando la posibilidad de realizar sucesivas compras y poder posponer su pago de forma cómoda, sin que los clientes, tengan un conocimiento profundo de todas sus condiciones. En este sentido y a los efectos de proporcionar mayor seguridad jurídica y reducir la litigiosidad respecto a los créditos *revolving* se publicaba la citada Orden ETD/699/2020, de 24 de julio.

Con esta nueva norma se trata de reducir el riesgo que puede suponer la prolongación excesiva del crédito y el aumento final de la deuda más allá de lo esperado por el prestatario. Asimismo, se refuerza la información que el prestatario recibe de la entidad, cobrando especial relevancia el hecho de que pueda conocer de forma periódica y con precisión la deuda que mantiene con la entidad.

2.2. Las tarjetas *revolving* como créditos al consumo

Analizado el concepto y las características de las tarjetas *revolving* cabe afirmar que estas pueden ser encuadradas en el ámbito de los créditos al consumo, lo cual es especialmente relevante a la hora de determinar el carácter usurario de los intereses aplicados. En este sentido, la **sentencia del Tribunal Supremo n.° 628/2015, de 25 de noviembre, ECLI:ES:TS:2015:4810**, reconoce la aplicación de la Ley de 23 de julio de 1908 sobre nulidad de los contratos de préstamos usurarios a las citadas operaciones crediticias a pesar de no tratarse propiamente de préstamos.

En la misma línea recuerda la **sentencia de la Audiencia Provincial de Cantabria n.° 426/2023, de 5 de septiembre, ECLI:ES:APS:2023:1049**, que a los contratos de aquella naturaleza en los que intervienen consumidores les resulta aplicable la LCCC.

No obstante lo anterior, la modalidad de crédito *revolving* contiene elementos diferenciadores respecto del resto de operaciones de crédito al consumo lo que aconseja operar con criterios específicos dentro de esta concreta forma de financiación. Así, resulta interesante la **sentencia de la Audiencia Provincial de Pontevedra n.° 65/2019, de 7 de febrero, ECLI:ES:APPO:2019:146**, que establece:

> «(…) Se trata de operaciones de micropréstamo ligadas normalmente a operaciones de consumo, que se caracterizan por carecer de un plan de amortización anticipado, de manera que es el cliente el que libremente va programando la amortización, al tiempo que libera la posibilidad de nuevas disposiciones. Más concretamente, acudiendo a la información facili-

tada por el Portal del cliente bancario del BdE, el funcionamiento de estas operaciones se describe del siguiente modo: "...son tarjetas de crédito en la que se ha elegido la modalidad de pago flexible. Te permiten devolver el crédito de forma aplazada mediante el pago de cuotas periódicas que varían en función de las cantidades dispuestas. Dentro de unos límites prefijados por tu banco, podrás fijar el importe de la cuota, pero sé consciente de que con cada cuota pagada el crédito disponible de la tarjeta se reconstituye, es decir, puedes volver a disponer del importe del capital que amortizas en cada cuota ". Es peculiaridad de estos contratos el que las cuantías de las cuotas restituidas por el cliente vuelven a formar parte del crédito disponible, ampliándose el límite de las disposiciones; y al tratarse generalmente de amortizaciones de pequeño importe, -elegidas por el propio cliente-, en ocasiones apenas alcanzan para el pago de los intereses remuneratorios generados por la disposición del principal, de manera que éste sigue generando intereses, incrementándose el importe de la deuda.

15 (…) la tutela del consumidor en esta clase de contratos, que sin duda generan riesgos y costes muy elevados, (…), puede obtenerse a partir de las normas generales de los vicios del consentimiento, o bien, por la vía del control de incorporación previsto en la Ley de Condiciones Generales de la Contratación, -pues se trata de contratos de adhesión sometidos a estipulaciones de esta clase-, pudiéndose además someter sus cláusulas al control de contenido de abusividad, siempre que no se trate de los elementos esenciales del contrato. Dispensan también una protección específica, -dentro del caos regulatorio que caracteriza al ordenamiento patrio en relación a las operaciones de crédito al consumo en general-, las Leyes de Crédito al Consumo y la Ley 22/2017 de comercialización a distancia de servicios financieros, de concurrir los requisitos necesarios para su aplicación, amén de la pluralidad de normas de diverso rango que regulan la comercialización y la publicidad de esta clase de productos por las entidades financieras, sometidas o no a supervisión oficial.

16 Como complemento a estas formas de tutela, en relación al interés remuneratorio de los préstamos (precio del contrato y, por ende, elemento esencial), la Ley de represión de la usura permite declarar la nulidad del contrato mismo en el caso de que el interés fuera notablemente superior al normal del dinero y resulte desproporcionado a las circunstancias del caso. Dentro de este particular sistema de control, resulta obligado un juicio comparativo entre tipos de interés: entre el fijado para el caso enjuiciado y el normal o habitual para operaciones de la misma clase (…)».

A los efectos de determinar cuál es, en cada caso, el interés habitual o normal, existen en el Banco de España unas estadísticas a tener en cuenta. Así, es en el año 2017 cuando el Banco de España empieza a publicar —en sus estadísticas— un apartado concreto relativo a las tarjetas *revolving* a los efectos de determinar cuál es, en cada caso, el interés habitual o normal. Esto último es necesario cuando se trata de dilucidar si los intereses aplicados al supuesto concreto tienen la condición de usurarios (**STS n.° 258/2023, de 15 de febrero, ECLI:ES:TS:2023:442**).

Antes de la existencia de tales datos relativos a las tarjetas *revolving*, de forma específica se venía determinando el interés atendiendo al aplicable ordinariamente a las operaciones de crédito al consumo en general, si bien, el Tribunal Supremo en su **sentencia n.° 643/2022, de 4 de octubre, ECLI:ES:TS:2022:3503**, declaró:

> «1.- La jurisprudencia de esta Sala sobre la posible cualidad de usurarios de los créditos *revolving* viene constituida, fundamentalmente, por las sentencias del pleno 628/2015, de 25 de noviembre, y 149/2020, de 4 de marzo. En las cuales consideramos que la referencia del "interés normal del dinero" que ha de utilizarse para determinar si el interés remuneratorio es usurario debe ser el interés medio aplicable a la categoría a la que corresponda la operación cuestionada, en estos casos el tipo medio aplicado a las operaciones de crédito mediante tarjetas de crédito y *revolving* publicado en las estadísticas oficiales del Banco de España. Si existen categorías más específicas dentro de otras más amplias (como sucede con la de tarjetas de crédito y *revolving*, dentro de la categoría más amplia de operaciones de crédito al consumo), deberá utilizarse esa categoría más específica, con la que la operación crediticia cuestionada presenta más coincidencias (duración del crédito, importe, finalidad, medios a través de los cuáles el deudor puede disponer del crédito, garantías, facilidad de reclamación en caso de impago, etc.), pues esos rasgos comunes son determinantes del precio del crédito, esto es, de la TAE del interés remuneratorio. A cuyo efecto, resulta significativo que actualmente el Banco de España, para calcular el tipo medio ponderado de las operaciones de crédito al consumo, no tenga en cuenta el de las tarjetas de crédito y *revolving*, que se encuentra en un epígrafe diferente».

2.3. Medidas de protección del prestatario

Medidas de protección del prestatario en los créditos revolventes

Tras la publicación de la Orden ETD/699/2020, de 24 de julio, se incorporan, mediante la modificación de la Orden EHA/2899/2011, de 28 de octubre, medidas para mejorar la protección del prestatario en el ámbito de los créditos revolventes. Se trata de tres tipos de medidas que se analizan a continuación.

‖ Transparencia y protección del cliente

En cuanto a la transparencia de los servicios bancarios de crédito al consumo celebrados por los clientes, el nuevo artículo 33 de la Orden EHA/2899/2011, de 28 de octubre, remite a lo previsto en la LCCC y, en lo no previsto en ella, se ajustará a lo que la propia orden prevé en sus disposiciones generales y respecto de la evaluación de la solvencia en el préstamo responsable.

La previsión anterior viene a establecer orientaciones para las entidades en cuanto a la evaluación de la solvencia que aseguran una estimación más prudente de modo que se garantice la suficiente capacidad de pago del cliente y se evite el sobreendeudamiento.

|| Mayor información al prestatario

Se incorpora al título III un nuevo capítulo III bis, artículos 33 bis a 33 octies, a la Orden EHA/2899/2011, de 28 de octubre, bajo la rúbrica «Normas relativas a los créditos al consumo de duración indefinida», con el fin de potenciar el suministro de información al prestatario.

¿Cuál será su ámbito de aplicación? Lo previsto en los citados preceptos se aplicará según el artículo 33 bis de la Orden EHA/2899/2011, de 28 de octubre, *«(...) al* **crédito al consumo con interés de duración indefinida o de duración definida prorrogable de forma automática concedido a personas físicas en el que el crédito dispuesto no se satisface en su totalidad al final del período de liquidación pactado** *(crédito revolvente o revolving), sin perjuicio de lo previsto en el artículo 33».*

a) Información precontractual (art. 33 ter de la Orden EHA/2899/2011, de 28 de octubre)

En el caso de los créditos *revolving*, cuando se prevea su obtención, además de la obligación de suministrar la información normalizada europea en los términos de la LCCC, y con el objetivo de asegurar que el cliente cuente en todo momento con un período de tiempo suficiente que le permita conocer adecuadamente el alcance y efectos del contrato, la entidad deberá facilitar al cliente, en documento separado y con la debida antelación a la suscripción del contrato, la siguiente información:

- Una mención clara a la modalidad de pago establecida, señalando expresamente el término *revolving*.
- Si el contrato prevé la capitalización de cantidades vencidas, exigibles y no satisfechas.
- Si el cliente o la entidad tienen la facultad de modificar la modalidad de pago establecida, así como las condiciones para su ejercicio.
- Un ejemplo representativo de crédito con dos o más alternativas de financiación determinadas en función de la cuota mínima que pueda establecerse para el reembolso del crédito con arreglo al contrato.

Asimismo, con antelación a la firma del contrato, la entidad proporcionará al cliente la asistencia señalada en el artículo 11 de la LCCC. Añade el apartado 3 del artículo 33 ter de la Orden EHA/2899/2011, de 28 de octubre, que:

> «Sin perjuicio de la sujeción de la publicidad realizada en vías públicas, lugares abiertos al público y, en particular, en centros comerciales al cumplimiento de la normativa reguladora de la publicidad sobre productos y servicios bancarios, la entidad extremará la diligencia en el cumplimiento de la obligación de asistencia previa a la formalización del contrato cuando el crédito se promocione u ofrezca a la clientela en estos casos, facilitando

en ese momento explicaciones adecuadas de forma individualizada para que el potencial cliente pueda evaluar si el contrato de crédito, y en especial la modalidad de pago propuesta, se ajusta a sus intereses, a sus necesidades y a su situación financiera».

b) Derecho de desistimiento (art. 33 quater de la Orden EHA/2899/2011, de 28 de octubre)

Se reconoce al cliente el derecho de desistir del contrato de crédito revolvente con remisión a lo previsto en el artículo 28 de la LCCC. En estos casos quedará sin efecto el contrato de crédito celebrado.

c) Información periódica al cliente (art. 33 quinquies de la Orden EHA/2899/2011, de 28 de octubre)

Además de la información que debe facilitarse al prestatario conforme a la LCCC, el nuevo artículo 33 quinquies de la Orden EHA/2899/2011, de 28 de octubre, añade elementos específicos a los efectos de que el prestatario sea en todo momento consciente de la carga de la deuda en términos de importe y de plazo de amortización y de opciones para poder reducirla.

Entonces ¿cuál será la información que debe suministrarse al cliente periódicamente en el caso de disposición del crédito *revolving*?

- El importe del crédito dispuesto, atendiendo a las posibles cuotas devengadas y los intereses generados pendientes de liquidación.
- El tipo deudor.
- La modalidad de pago fijada con expresa referencia al término *revolving* e indicando la cuota fijada en ese momento para amortizar el crédito.
- La fecha estimada en la que el cliente terminará de pagar el crédito dispuesto, atendiendo a la cuota de amortización fijada. En concreto, se comunicará al cliente:
  - La fecha en la que el cliente terminaría de pagar el crédito dispuesto si no se realizasen más disposiciones ni se modificase ningún otro elemento del contrato.
  - La cuantía total, desglosando principal e intereses, que acabaría pagando el cliente por el crédito dispuesto si no se realizasen más disposiciones ni se modificase la cuota.

A TENER EN CUENTA. La entidad advertirá de que la estimación realizada corresponde al crédito dispuesto en una fecha de referencia, teniendo en cuenta la cuota de amortización y el tipo deudor establecidos en ese momento.

En el caso de que en el período de liquidación coexistan distintas modalidades de pago mediante las cuales se estén reembolsando las disposiciones efectuadas bajo un mismo límite de crédito, la información mencionada se facilitará por la entidad de forma desglosada para cada una de aquellas modalidades de pago acordadas conforme a lo previsto en el contrato.

CUESTIONES

1. ¿Con qué periodicidad debe suministrarse al cliente la información anterior?

En caso de disposición de crédito revolvente, el suministro de la información prevista en el artículo 33 quinquies de la Orden EHA/2899/2011, de 28 de octubre, por la entidad al cliente debe efectuarse con una periodicidad al menos trimestral.

2. ¿Qué sucede cuando con posterioridad a la contratación del crédito revolving la cuantía de la cuota de amortización sea inferior al 25 % del límite del crédito concedido?

En estos casos, la entidad deberá añadir a la información periódica del apartado 1 del artículo 33 quinquies de la Orden EHA/2899/2011, de 28 de octubre, la siguiente información:

- Ejemplos de escenarios sobre el posible ahorro que representaría aumentar el importe de la cuota por encima de la establecida en ese momento. En particular, se comunicará al cliente la fecha en la que terminaría de pagar el crédito dispuesto y la cuantía total que acabaría pagando en el caso de aumentar un 20, un 50 y un 100 por cien la cuota actual.

- El importe de la cuota mensual que permitiría liquidar toda la deuda en el plazo de un año.

d) Información adicional (art. 33 sexies de la Orden EHA/2899/2011, de 28 de octubre)

Las entidades, cuando el cliente lo solicite, le facilitarán en el **plazo máximo de 5 días hábiles** la información siguiente relativa al crédito *revolving*:

- Los extremos previstos en el artículo 33 quinquies de la Orden EHA/2899/2011, de 28 de octubre.

- Las cantidades abonadas y la deuda pendiente de la forma más detallada posible.

- El cuadro de amortización, advirtiendo la entidad que el mismo se elabora para el saldo dispuesto, en una fecha de referencia y con la cuota establecida en ese momento.

Asimismo, en caso de **ampliación del límite del crédito**, la entidad comunicará al cliente de forma individualizada, con una **antelación mínima de un mes**:

- El nuevo límite.

- La cuantía de la deuda acumulada hasta ese momento.

- La nueva cuota que deberá pagar, en su caso.

- La información prevista en el apartado 2 del artículo 33 quinquies de la Orden EHA/2899/2011, de 28 de octubre, en su caso.

A TENER EN CUENTA. La comunicación anterior no será necesaria cuando la entidad autorice excepcionalmente y de forma unilateral disposiciones del crédito por encima del crédito concedido, siempre que sea por un importe inferior al 25 % de dicho límite y que el importe dispuesto por encima del límite se incluya en su totalidad en la cuota correspondiente a la siguiente liquidación del crédito, ello sin perjuicio de lo previsto sobre excedidos tácitos en la LCCC.

CUESTIÓN

¿Qué ocurre cuando ha pasado más de un año entre el momento de la contratación y el de la activación del crédito *revolving***?**

En este caso, la información normalizada europea y el ejemplo representativo de crédito previstos en el artículo 33 ter, apartado 1, de la Orden EHA/2899/2011, de 28 de octubre, deberán suministrarse de nuevo en el momento de su activación.

En lo que se refiere a los **requisitos de forma de la información** vista en los puntos anteriores, el artículo 33 septies de la Orden EHA/2899/2011, de 28 de octubre, se remite al artículo 11 de la misma norma a los efectos de redactar la información periódica y la adicional, señalando dicho precepto que:

«1. Toda la información, documentación y comunicaciones dirigidas a los clientes de servicios bancarios previstas en esta orden se realizarán en papel, formato electrónico o en otro soporte duradero, y estarán redactadas en términos fácilmente comprensibles, de manera claramente legible, en castellano o en cualquiera de las demás lenguas españolas oficiales de las respectivas Comunidades Autónomas en las que se preste el servicio o en cualquier otra lengua acordada entre las partes.

2. Con la finalidad de destacar a los clientes los elementos esenciales de la información a la que se refieren los artículos 3 a 6 y 33 quinquies, el Banco de España podrá exigir el empleo de un formato o tipo de letra o comunicación especialmente resaltada».

El suministro de la información se hará por la entidad en papel u otro soporte duradero, conforme a lo acordado contractualmente entre entidad y cliente.

CUESTIONES

1. ¿Qué se entiende por soporte duradero?

Todo aquel que permita al cliente al que se transmite información personalizada conservarla, recuperarla fácilmente durante un período de tiempo adaptado a los fines de dicha información y reproducirla de forma idéntica a la información recibida.

2. ¿El suministro de información al cliente genera gastos para este?

En principio no. En este sentido cabe traer a colación el artículo 33 octies de la Orden EHA/2899/2011, de 28 de octubre, en el que se distinguen dos casos:

– Información precontractual, información periódica e información adicional de los apartados 2 y 3 del artículo 33 sexies de la Orden EHA/2899/2011, de 28 de octubre: la entidad no podrá cobrar al cliente el suministro de esta información.

– Información adicional del apartado 1 del artículo 33 sexies de la Orden EHA/2899/2011, de 28 de octubre: se facilitará gratuitamente una única vez al mes siempre que no se reciba en ese mismo mes junto con la información prevista en el punto anterior.

No obstante, la entidad y el cliente podrán acordar que se cobren gastos por la comunicación de información en casos distintos de los anteriores, tales gastos han de ser razonables y acordes con los costes efectivamente soportados por la entidad.

2.4. El tipo de interés en las tarjetas *revolving*

Los tipos de interés

Los mayores problemas en materia de tarjetas *revolving* se han suscitado en relación con los intereses de las mismas. Estos intereses son generalmente más elevados que los utilizados en los préstamos, lo que en numerosas ocasiones ha llevado a plantearse su carácter usurario y abusivo. Tales planteamientos han dado lugar a abundante jurisprudencia al respecto en tanto **son los tribunales los encargados de resolver sobre el carácter usurario de los intereses** fijados.

Con carácter general, en cuanto a los intereses hay que partir del **artículo 315 del Código de Comercio** (CCom) el cual consagra el **principio de libertad de la tasa de interés** cuando dice, en relación con el interés del préstamo, que el mismo podrá pactarse sin tasa ni limitación de ningún tipo. Añade que por interés se entenderá toda prestación pactada a favor del acreedor.

El referido principio de libertad ha sido desarrollado actualmente en el apartado 1 del artículo 4 de la Orden EHA/2899/2011, de 28 de octubre, que establece lo siguiente:

«Los tipos de interés aplicables a los servicios bancarios, en operaciones tanto de depósitos como de crédito o préstamo, serán los que **se fijen libremente entre las entidades de crédito que los prestan y los clientes**, cualquiera que sea la modalidad y plazo de la operación».

Continúa este precepto obligando a las entidades de crédito a **poner a disposición de los clientes, debidamente actualizados, los tipos de interés aplicados habitualmente a los servicios que prestan** con mayor frecuencia, en un formato unificado, conforme a los términos específicamente determinados por el Banco de España. La información anterior incluirá, en todo caso, de manera sencilla que facilite la comparación entre entidades, la tasa anual equivalente (TAE) u otra expresión equivalente de la operación.

CUESTIÓN

A los efectos anteriores, ¿qué se entiende por TAE?

Según el artículo 4.2 párrafo segundo de la Orden EHA/2899/2011, de 28 de octubre, se entiende por TAE «(...) aquella que iguala en cualquier fecha el valor actual de los efectivos recibidos y entregados a lo largo de la operación, por todos los conceptos, incluido el saldo remanente a su término, con las excepciones e indicaciones que determine el Banco de España, sin perjuicio de lo dispuesto en el artículo 31 y en los anexos de esta orden (...)».

En cuanto al **acceso a la información** cabe señalar:

– La fórmula utilizada para obtener la información deberá hacerse explícita, bien directamente bien mediante referencia al BOE en que se haya publicado la normativa que la contenga.

– La información unificada estará disponible en todos los establecimientos comerciales de las entidades de crédito, en sus páginas electrónicas y en la página electrónica del Banco de España.

– Deberá estas a disposición de los clientes en cualquier momento y de forma gratuita.

|| Intereses remuneratorios e intereses de demora

Para establecer la diferencia entre los intereses remuneratorios e intereses de demora podemos acudir a la **sentencia del Tribunal Supremo n.º 257/2023, de 15 de febrero, ECLI:ES:TS:2023:462**, que citando muchas otras permite señalar:

– El **interés remuneratorio es el precio del préstamo,** en tanto hay que tener presente el carácter bilateral de la obligación y la equivalencia entre las prestaciones de los sujetos en una relación bilateral, onerosa y conmutativa. Se trata, por tanto, de un elemento esencial del contrato.

– Los **intereses de demora,** por su parte, sancionan un incumplimiento del deudor, cual sería el pago tardío, se trata de una **penalización al incumplimiento en el pago de una deuda dineraria.** Sirven tanto para reparar el daño causado al acreedor sin necesidad de prueba exhaustiva y completa, como para estimular el cumplimiento voluntario del deudor ante el grave perjuicio que le supondría el impago o mora.

Dicho esto, la citada sentencia señala que a los intereses de demora no les será de aplicación la Ley de Usura ya que cuando habla de intereses esta se refiere a los retributivos. Además, añade que los intereses de demora no serán susceptibles de ser declarados de forma autónoma como usurarios sin perjuicio de su eventual carácter abusivo en los contratos con consumidores.

En este sentido, para establecer una clara diferenciación entre unos intereses y otros, hay que traer a colación lo dispuesto en la **sentencia del Tribunal Supremo n.º 628/2015, de 25 de noviembre, ECLI:ES:TS:2015:4810**, de la que se infiere que **el control de los intereses remuneratorios se efectuará desde el punto de vista de la usura,** es decir, los mismos podrán declararse nulos por usurarios, mientras que **el control de los intereses de demora se realiza desde el punto de vista de la abusividad,** lo que significan que podrán anularse por abusivos:

«Mientras que el interés de demora fijado en una cláusula no negociada en un contrato concertado con un consumidor puede ser objeto de control de contenido y ser declarado abusivo si supone una indemnización desproporcionadamente alta al consumidor que no cumpla con sus obligaciones, como declaramos en las sentencias núm. 265/2015, de 22 de abril, y 469/2015, de 8 de septiembre, la normativa sobre cláusulas abusivas en contratos concertados con consumidores no permite el control del carácter "abusivo" del tipo de interés remuneratorio en tanto que la cláusula en que se establece tal interés regula un elemento esencial del contrato, como es el precio del servicio, siempre que cumpla el requisito de transparencia, que es fundamental para asegurar, en primer lugar, que la prestación del consentimiento se ha realizado por el consumidor con pleno conocimiento de la carga onerosa que la concertación de la operación de crédito le supone y, en segundo lugar, que ha podido comparar las distintas ofertas de las entidades de crédito para elegir, entre ellas, la que le resulta más favorable».

La consideración del **interés remuneratorio como elemento esencial del contrato** determina que quede incardinado en la aplicación del apartado 2 del artículo 4 de la Directiva 93/13/CEE del Consejo, de 5 de abril de 1993, sobre las cláusulas abusivas en los contratos celebrados con consumidores, el cual excluye el control de abusividad respecto de las cláusulas que se refieren a la definición del objeto principal del contrato, como es el caso de la que regula los intereses remuneratorios, si bien esto no los excluye del control de transparencia como se infiere del párrafo anterior.

Relacionado con lo anterior, la **sentencia del Tribunal Supremo n.º 469/2015, de 8 de septiembre, ECLI:ES:TS:2015:3829**, señala en relación con el interés de demora lo siguiente:

«La **cláusula que establece el interés de demora** no es ajena al ámbito de aplicación del Texto Refundido de la Ley General para la Defensa de los Consumidores y Usuarios, como parece entender el Juzgado de Primera Instancia, sino que, por el contrario, **es susceptible de control de abusividad de su contenido, no solo en cuanto a su transparencia, sino también respecto a si, en contra de las exigencias de la buena fe y en perjuicio del consumidor y usuario, causan un desequilibrio importante de los derechos y obligaciones de las partes** que se deriven del contrato, pues no está incluida en el ámbito de aplicación del art. 4.2 de la Directiva 1993/13/CEE.

La cláusula que establece el interés de demora no define el objeto principal del contrato ni la adecuación entre el precio y la prestación. **Regula un elemento accesorio como es la indemnización a abonar por el prestatario en caso de retraso en el pago de las cuotas** (en el caso enjuiciado, mediante la adición de veinte puntos porcentuales al tipo de interés remuneratorio) y, como tal, no resulta afectada por la previsión del art. 4.2 de la Directiva, que solo prevé el control de transparencia sobre las cláusulas que definan el objeto principal del contrato o a la adecuación entre precio y retribución, por una parte, y los servicios o bienes que hayan de proporcionarse como contrapartida. Es más, tanto la Directiva como la Ley, actualmente el Texto Refundido de la Ley General para la Defensa de los Consumidores y Usuarios, prevén expresamente la abusividad de este tipo de cláusulas cuando existe una desproporción de la indemnización por incumplimiento del consumidor con el quebranto patrimonial efectivamente causado al profesional o empresario.

Debe recordarse asimismo que el TJUE ha considerado que no puede hacerse una aplicación extensiva de la restricción del control de abusividad previsto en el citado art. 4.2 de la Directiva, al constituir una excepción del mecanismo de control del fondo de las cláusulas abusivas previsto en el sistema de protección de los consumidores que establece esa Directiva (STJUE de 30 de abril de 2014, asunto C-26/13, caso Árpád Kásler y Hajnalka Káslerné Rábai, párrafo 42)».

TIN y TAE

La RAE define el **tipo de interés nominal (TIN)** como el «Tipo de interés adoptado en una operación financiera para el cálculo de los intereses a pagar, que viene compuesto por el interés real más la tasa de inflación». En concreto, se trata, en términos del Banco de España, del precio que la entidad cobra por prestar una cantidad determinada de dinero —préstamo— o, en su caso, que paga por depositarlo. El TIN debe fijarse en el contrato con indicación de su porcentaje y de su periodicidad.

El TIN está integrado en la **tasa anual equivalente (TAE)** toda vez que esta se define por la RAE como el «Rendimiento efectivo de un producto financiero, que se calcula teniendo en cuenta el tipo de interés nominal, los gastos y comisiones bancarias y el plazo de la operación». Así, el Banco de España señala que la TAE, a diferencia del TIN, el cual solo recoge el precio que el banco cobra por prestar el dinero, tiene en cuenta los gastos y comisiones asociados al préstamo o crédito.

El artículo 6 de la LCCC hace referencia a la TAE como coste total del crédito para el consumidor, expresado como porcentaje anual del importe total del crédito concedido. En cuanto a su cálculo, hay que tener en cuenta el artículo 32 de la LCCC, así como el anexo I de la norma. Asimismo, la LCCC señala en su preámbulo que «La fórmula matemática para el cálculo de la tasa anual equivalente tiene por finalidad definir de forma clara y completa el coste total de un crédito para el consumidor y lograr que este porcentaje sea totalmente comparable en todos los Estados de la Unión Europea. La habilitación al Ministerio de Economía y Hacienda para establecer supuestos adicionales para el cálculo de la tasa anual equivalente facilita el ajuste de estas previsiones a ulteriores modificaciones que la Comisión acuerde en ejercicio de sus competencias».

Así pues, la TAE sirve para comparar diferentes ofertas.

CUESTIONES

1. ¿Cuáles son las reglas aplicables para el cálculo de la TAE?

Para determinar las reglas para el cálculo de la TAE cabe tener en cuenta el artículo 32 y el anexo I de la LCCC. Así, aquella se calculará aplicando la fórmula matemática prevista en la parte I del anexo I y para ello se habrá de determinar el coste total del crédito para el consumidor.

Para calcular la TAE se atenderá al supuesto básico de que el contrato de crédito se mantendrá vigente durante el período de tiempo acordado y que el prestamista y el consumidor cumplirán sus obligaciones conforme a las condiciones y en los plazos fijados contractualmente. Asimismo, cuando se estime necesario se podrá calcular tomando como base los supuestos adicionales previstos en el anexo I.

El supuesto básico para su cálculo en caso de que el contrato de crédito contenga cláusulas que permitan modificar el tipo deudor y, en su caso, los gastos incluidos en la TAE no cuantificables al tiempo del cálculo será que «el tipo deudor y los demás gastos se mantendrán fijos al nivel inicial y se aplicarán hasta el término del contrato de crédito».

2. ¿Qué conceptos han de tenerse en cuenta para determinar el coste total del crédito a los efectos de calcular la TAE?

No se incluirán en el coste total del crédito:

– Los gastos que el consumidor tendría que pagar por el incumplimiento de sus obligaciones con arreglo al contrato.

– Los gastos, diferentes del precio de compra, que sean de cuenta del consumidor en la adquisición de bienes o servicios, siendo indiferente que el pago sea al contado o a crédito.

Salvo que la apertura de la cuenta sea opcional y los costes de esta se haya especificado clara y separadamente en el contrato de crédito o cualquier otro contrato con el consumidor, en el coste total del crédito se incluirán los costes siguientes:

– Costes de mantenimiento de una cuenta que registre a la vez operaciones de pago y de disposición del crédito.

– Costes de utilización de un medio de pago que permita ambas operaciones.

– Otros costes relativos a las operaciones de pago.

La TAE será el dato más relevante a la hora de determinar el carácter usurario de una tarjeta *revolving*, así la **sentencia del Tribunal Supremo n.º 628/2015, de 25 de noviembre, ECLI:ES:TS:2015:4810**, dispone al respecto:

«(...) el porcentaje que ha de tomarse en consideración para determinar si el interés es notablemente superior al normal del dinero no es el nominal, sino la tasa anual equivalente (TAE), que se calcula tomando en consideración cualesquiera pagos que el prestatario ha de realizar al prestamista por razón del préstamo, conforme a unos estándares legalmente predeterminados (...)».

TAE y TEDR

Analizado el concepto de tasa anual equivalente en el punto anterior, cabe señalar aquí lo que el Banco de España prevé sobre el **tipo efectivo definición restringida (TEDR)**. En este sentido se define el TEDR como el componente de tipo de interés de la tasa anual equivalente (TAE), excluyendo, por tanto, todas las comisiones y gastos. Será igual al tipo de interés anual que iguale el valor actual de los efectivos a cobrar o pagar a lo largo de la operación teniendo en cuenta exclusivamente el componente de intereses.

A TENER EN CUENTA. El cálculo del TEDR se ajustará a la fórmula prevista para la TAE excluidos todos los gastos considerados en ella.

A los efectos de **determinar el interés normal del dinero dentro del juicio sobre el carácter usurario, la sentencia del Tribunal Supremo n.º 258/2023, de 15 de febrero, ECLI:ES:TS:2023:442**, ha determinado que debe tomarse como interés de referencia la TAE, haciendo la comparación respecto del interés medio aplicable a la categoría a la que corresponda la operación cuestionada que, en este caso, son las operaciones de crédito mediante tarjetas de crédito *revolving*. Pues bien, para determinar este parámetro de comparación, para los contratos posteriores a 2010 —momento en que el boletín estadístico del Banco de España desglosa un apartado especial para las citadas operaciones— la jurisprudencia acude a la información suministrada por dicha estadística.

En relación con las estadísticas del Banco de España, la meritada sentencia advierte y matiza lo siguiente:

> «(...) el índice analizado por el Banco de España en esos boletines estadísticos no es la TAE, sino el TEDR (tipo efectivo de definición restringida), que equivale a la TAE sin comisiones; de manera que si a ese TEDR se le añadieran las comisiones, el tipo sería ligeramente superior, y la diferencia con la TAE también ligeramente menor, con el consiguiente efecto respecto de la posibilidad de apreciar la usura. De tal forma que, en los contratos posteriores a junio de 2010, se puede seguir acudiendo al boletín estadístico del Banco de España, y al mismo tiempo permitir que el índice publicado se complemente con lo que correspondería a la vista de las comisiones generalmente aplicadas por las entidades financieras. En realidad, en estos últimos años, aunque la TEDR haya sido inferior a la TAE por no contener las comisiones, a los efectos del enjuiciamiento que hay que hacer (si la TAE es notablemente superior al interés [TAE] común en el mercado), ordinariamente no será muy determinante, en atención a que la usura requiere no sólo que el interés pactado sea superior al común del mercado, sino que lo sea "notablemente". El empleo de este adverbio en la comparación minimiza en la mayoría de los casos la relevancia de la diferencia entre la TEDR y la TAE».

En la misma línea, recordando la nota aclaratoria de la estadística del Banco de España respecto de los tipos de interés, la **sentencia de la Audiencia Provincial de Pontevedra n.° 390/2023, de 17 de julio, ECLI:ES:A-PPO:2023:1775,** establece:

> «(...) Como aclara como nota la estadística del Banco de España en la el apartado 19.4 respecto de los tipos de interés: Los tipos TEDR no incluyen los gastos conexos, tales como las primas por seguros de amortización y las comisiones que compensen costes directos relacionados. La finalidad de los tipos TEDR es básicamente proporcionar al Eurosistema información relevante para el análisis de la transmisión de la política monetaria pero no son, a diferencia de los tipos TAE, una referencia adecuada ni comparable del coste total para los clientes de la financiación concedida.
>
> Es por ello por lo que el Tribunal Supremo considera que, para equiparar el TEDR y la TAE, al primero hay que añadirle entre 20 y 30 centésimas (...)».

Cabe, asimismo, señalar lo apuntado en la **sentencia de la Audiencia Provincial de Logroño n.° 468/2024, de 26 de noviembre, ECLI:ES:APLO:2024:678:**

> «Desde la sentencia del Tribunal Supremo dictada hasta la actualidad el mismo Tribunal ha seguido manteniendo el mismo criterio de comparar la TAE pactada con el TEDR que publica el Banco de España, añadiendo un mínimo porcentaje por comisiones, si es que se acreditan. Así sentencias de 13 de diciembre de 2023, 13 de febrero de 2024 y 22 de febrero de 2024».

2.5. Las tarjetas *revolving* y la usura

La usura se regula en la Ley de 23 de julio de 1908 sobre nulidad de los contratos de préstamos usurarios (Ley de usura), si bien esta norma se refiere a préstamos ha de entenderse aplicable también a los efectos de determinar la nulidad de una tarjeta *revolving*. En este sentido, cabe traer a colación lo previsto en el artículo 9 de esta norma, conforme al cual:

> «Lo dispuesto por esta ley se aplicará a toda operación sustancialmente equivalente a un préstamo de dinero, cualesquiera que sea la forma que revista el contrato y la garantía que para su cumplimiento se haya ofrecido».

En la misma línea se ha pronunciado el Tribunal Supremo en **STS n.º 628/2015, de 25 de noviembre, ECLI:ES:TS:2015:4810**, cuando expresa:

> «La flexibilidad de la regulación contenida en la Ley de Represión de la Usura ha permitido que la jurisprudencia haya ido adaptando su aplicación a las diversas circunstancias sociales y económicas. En el caso objeto del recurso, la citada normativa ha de ser aplicada a una operación crediticia que, por sus características, puede ser encuadrada en el ámbito del crédito al consumo».

Pues bien, visto lo anterior, cabe hacer referencia ahora al carácter usurario de una operación crediticia que determinaría la nulidad de la misma. Así prevé el **artículo 1 de la Ley de usura**:

> «Será nulo todo contrato de préstamo en que se un interés notablemente superior al normal del dinero y manifiestamente desproporcionado con las circunstancias del caso o en condiciones tales que resulte aquél leonino, habiendo motivos para estimar que ha sido aceptado por el prestatario a causa de su situación angustiosa, de su inexperiencia o de lo limitado de sus facultades mentales.
> Será igualmente nulo el contrato en que se suponga recibida mayor cantidad que la verdaderamente entregada, cualesquiera que sean su entidad y circunstancias. Será también nula la renuncia del fuero propio, dentro de la población, hecha por el deudor en esta clase de contratos».

Por lo tanto, ¿cuáles son los requisitos necesarios para que una operación crediticia se considere usuraria? La jurisprudencia —así lo refleja la ya meritada **STS n.º 628/2015, de 25 de noviembre, ECLI:ES:TS:2015:4810**— ha entendido como necesarios los previstos en el primer inciso del artículo 1 de la Ley de usura, sin que hayan de concurrir todos los previstos en el citado precepto. Entonces, para que se considere usurario es necesario que:

- Se estipule un **interés notablemente superior al normal del dinero**.

- Se trate de un **interés manifiestamente desproporcionado con las circunstancias del caso**.

Respecto de este último requisito, se infiere de la **sentencia del Tribunal Supremo n.º 149/2020, de 4 de marzo, ECLI:ES:TS:2020:600**, que han de considerarse otras circunstancias que concurren en el crédito *revolving* como pueden ser: el público al que se destinan —personas sin acceso a otros créditos menos gravosos— y las peculiaridades de estos productos «(...) en que el límite del crédito se va recomponiendo constantemente, las cuantías de las cuotas no suelen ser muy elevadas en comparación con la deuda pendiente y alargan muy considerablemente el tiempo durante el que el prestatario sigue pagando las cuotas con una elevada proporción correspondiente a intereses y poca amortización del capital, hasta el punto de que puede convertir al prestatario en un deudor «cautivo», y los intereses y comisiones devengados se capitalizan para devengar el interés remuneratorio».

Por otro lado, en lo que se refiere al primero de los requisitos, el **problema surge al determinar qué se entiende por interés normal del dinero** como elemento comparativo para determinar el carácter usurario de un préstamo. Al respecto, la jurisprudencia, de forma reiterada y como reflejan las sentencias más importantes en materia de tarjetas *revolving,* establece que para determinar qué se entiende por interés normal podrá acudirse a las estadísticas del Banco de España, tomando como base la información que mensualmente tienen que facilitarle las entidades de crédito sobre los tipos de interés que aplican a diversas modalidades de operaciones activas y pasivas.

La **sentencia del Tribunal Supremo n.º 149/2020, de 4 de marzo, ECLI:ES:TS:2020:600**, añade a lo anterior que:

> «Para determinar la referencia que ha de utilizarse como «interés normal del dinero» para realizar la comparación con el interés cuestionado en el litigio y valorar si el mismo es usurario, debe utilizarse el tipo medio de interés, en el momento de celebración del contrato, correspondiente a la categoría a la que corresponda la operación crediticia cuestionada. Y si existen categorías más específicas dentro de otras más amplias (como sucede actualmente con la de tarjetas de crédito y revolving, dentro de la categoría más amplia de operaciones de crédito al consumo), deberá utilizarse esa categoría más específica, (...)».

Asimismo, en cuanto al momento en el que habrá de valorarse la concurrencia de las circunstancias para determinar el carácter usurario del interés, la **sentencia del Tribunal Supremo n.º 317/2023, de 28 de febrero, ECLI:ES:TS:2023:786**, en la misma línea que la anterior, señala:

> «6.- Bien porque el interés del crédito sea un tipo fijo, bien porque sea un tipo de interés variable referenciado a un índice legal, cuya evolución no depende del propio prestamista, las circunstancias determinantes de que el interés fuera notablemente superior al normal del dinero y manifiestamente desproporcionado con las circunstancias del caso son, lógicamente, las que concurrieran en el momento de contratar, pues no es imputable al acreedor que tales circunstancias evolucionen con el tiempo y que el interés que se fijó cuando se celebró el contrato, ajustado a las circunstancias de aquel momento, quede muy por encima del interés normal de esos contratos cuando transcurran varios años, dada la duración en el tiempo de estos contratos crediticios».

En concreto, a la hora de determinar el carácter usurario de las tarjetas *revolving*, la **jurisprudencia a través de distintas sentencias ha ido matizando el porcentaje a tener en cuenta para establecer en cada caso aquel carácter usurario** como se verá en el análisis jurisprudencial que haremos más adelante. No obstante, en lo que se refiere a esta materia **respecto de las tarjetas** *revolving* **se ha pronunciado de forma específica la sentencia del Tribunal Supremo n.º 258/2023, de 15 de febrero, ECLI:ES:TS:2023:442,** estableciendo un **criterio aplicable exclusivamente a ellas**.

Entonces **¿cuál será este criterio?** En las tarjetas *revolving*, el interés será usurario cuando la diferencia entre la TAE y el interés medio de mercado en este tipo de productos sea superior a 6 puntos porcentuales.

Para terminar, cabe señalar las **consecuencias de declarar el carácter usurario del producto** en cuestión. La consecuencia principal será la **nulidad** del contrato de que se trate y en relación con ello cabe traer el artículo 3 de la Ley de usura del que se infiere, hablando de un préstamo, que por la declaración de nulidad:

– El prestatario estará obligado a entregar solo la suma recibida.
– Si hubiera satisfecho parte de aquella y los intereses vencidos, el prestamista devolverá al prestatario lo que, teniendo en cuenta lo percibido, exceda del capital prestado.

CUESTIÓN

¿Para ejercitar la acción de nulidad de un contrato por usurario se exige que el mismo esté vigente?

Para dar respuesta a esta cuestión, hay que traer a colación la doctrina establecida por la sentencia del Tribunal Supremo de 20 de enero de 1990, ECLI:ES:TS:1990:290, conforme a la cual:

«*Ejercitada en la demanda una acción de nulidad de contrato al amparo del artículo 12 de la Ley sobre Represión de Usura, de 23 de julio de 1908 [suprimido en la actualidad], obvio es que para que pudiera accederse a tal nulidad sería preciso no sólo que entre recurrente y recurrido mediase un contrato vigente y objeto de la anulación pretendida, sino también que coincidieran las circunstancias que en dicha ley se mencionan para la calificación del contrato como usurario, y lo cierto es que declarada en la resolución que se recurre la inexistencia de un contrato, ni se ha pretendido acreditar la inexactitud de tal aserto táctico, ni menos aún se ha tratado de combatir por la vía del error en la apreciación de la prueba, sea de hecho o de derecho, la declaración de que no concurren dichas circunstancias*».

No obstante, en relación con lo anterior el Tribunal Supremo, en su *sentencia n.º 662/2019, de 12 de diciembre, ECLI:ES:TS:2019:3911*, ha declarado que no existe fundamento alguno para afirmar que la consumación de un contrato impide el ejercicio de la acción de nulidad y añade:

«*(...) Si la acción ejercitada por los recurrentes hubiera ido dirigida exclusivamente a que se declarara la nulidad del contrato o de una cláusula, sin formularse una petición restitutoria, podría cuestionarse que exista un interés legítimo en obtener un pronunciamiento meramente declarativo en un contrato ya extinguido. Pero en el caso objeto del recurso, la finalidad de la demanda interpuesta por los hoy recurrentes fue obtener la restitución de lo indebidamente cobrado por la entidad financiera en la aplicación de la cláusula suelo. La solicitud en la demanda de un pronunciamiento judicial*

> *que declarara la nulidad de dicha cláusula ha de entenderse como un antecedente necesario para lograr el pronunciamiento que condena a la restitución de lo indebidamente cobrado en aplicación de la cláusula nula. Los prestatarios tienen un interés legítimo en obtener la restitución de lo que pagaron en aplicación de una cláusula que consideran nula de pleno derecho por ser abusiva».*

Pues bien citando las dos sentencias mencionadas la **SAP de Valencia n.º 15/2023, de 20 de enero, ECLI:ES:APV:2023:1584,** recuerda que se admite la posibilidad de pretender la nulidad de un contrato cancelado, cual es el caso que plantea, si con ello la parte consumidora puede obtener una indemnización.

2.6. Cláusulas abusivas en los contratos de tarjetas *revolving*

Cláusulas abusivas

En cuanto a las cláusulas abusivas en los contratos celebrados con consumidores hay que tener en cuenta los artículos 82 a 91 del Real Decreto Legislativo 1/2007, de 16 de noviembre, por el que se aprueba el texto refundido de la Ley General para la Defensa de los Consumidores y Usuarios y otras leyes complementarias (LGDCU), y la Directiva 93/13/CEE del Consejo, de 5 de abril de 1993, sobre las cláusulas abusivas en los contratos celebrados con consumidores.

‖ ¿Qué son las cláusulas abusivas?

El concepto de cláusulas abusivas se infiere de los artículos 82 del LGDCU y 3 de la Directiva 93/13/CEE del Consejo, de 5 de abril de 1993. Así, las cláusulas abusivas son aquellas **cláusulas o estipulaciones no negociadas individualmente y aquellas prácticas que no se han consentido expresamente que, en contra de las exigencias de la buena fe causen, en perjuicio del consumidor, un desequilibrio importante de los derechos y obligaciones de las partes que se deriven del contrato.**

> **CUESTIÓN**
>
> **¿Qué se entiende por cláusula no negociada individualmente?**
>
> Se considera que una cláusula no se ha negociado individualmente cuando se ha redactado previamente y el consumidor no ha podido influir en su contenido. El hecho de que algunos de los elementos de una cláusula, o que una cláusula aislada, se hayan negociado individualmente no excluirá la aplicación de lo previsto sobre cláusulas abusivas al resto del contrato. El profesional que afirme que una cláusula ha sido negociada individualmente, asumirá la carga de la prueba.

En cuanto a las cláusulas abusivas existentes con carácter general el apartado 4 del art. 82 del LGDCU hace referencia, en una enumeración exhaustiva pero no cerrada, a determinadas cláusulas que serán en todo caso abusivas y que se desarrollan en los artículos 85 a 90 del LGDCU.

Asimismo, la Directiva 93/13/CEE del Consejo, de 5 de abril de 1993 —apartado 3 del artículo 3— remite a su anexo que contempla una lista indicativa y no exhaustiva de las cláusulas que pueden ser declaradas abusivas.

En lo que a las tarjetas *revolving* se refiere analizaremos después alguna de las cláusulas abusivas más frecuentes en este tipo de productos.

‖ ¿Cómo se determinará el carácter abusivo de una cláusula?

Se infiere del **artículo 4 de la Directiva 93/13/CEE del Consejo, de 5 de abril de 1993**, que para determinar el carácter abusivo de una cláusula contractual se tendrá en cuenta:

- La naturaleza de los bienes o servicios que sean objeto del contrato.
- Al tiempo de la celebración del contrato, todas las circunstancias que concurran en su celebración.
- Todas las demás cláusulas del contrato o de otro contrato del que dependa.

No obstante lo anterior, se excluye de la apreciación del carácter abusivo de las cláusulas la definición del objeto principal del contrato y la adecuación entre precio y retribución, por una parte, y los servicios o bienes que hayan de proporcionarse como contrapartida, por otra, siempre que dichas cláusulas se redacten de manera clara y comprensible.

Determinado el carácter abusivo de una cláusula ¿cuáles son sus consecuencias? Del artículo 83 del LGDCU deriva como consecuencia directa de la declaración de abusividad de una cláusula la nulidad de pleno derecho de la misma, la cual se tendrá por no puesta. En este sentido, el juez, previa audiencia de las partes, declarará la nulidad de la cláusula en cuestión, si bien el contrato seguirá siendo obligatorio para las partes, siempre que pueda subsistir sin dichas cláusulas.

‖ Doble control de transparencia

En relación con las tarjetas *revolving* y las condiciones y cláusulas de los contratos en que se establecen resulta interesante hacer referencia al doble control de transparencia que respecto de las condiciones generales de la contratación se establece. En este sentido, las tarjetas *revolving*, dada su complejidad, pueden suponer un abuso para el consumidor no solamente por los intereses desproporcionados o usurarios que se apliquen en su caso, sino también por la falta de transparencia que pueda darse en su contratación.

La consecuencia de la falta de transparencia de las cláusulas en perjuicio de los consumidores determinará la nulidad de pleno derecho de las mismas (art. 83 del LGDCU). Es muy frecuente en la práctica que la contratación de una tarjeta *revolving* incurra en defectos de transparencia, toda vez que las entidades suelen dotar a sus clientes de la información relativa al producto de forma interesada, es decir, sin entrar a explicar aspectos como las consecuencias de la contratación, lo que lleva a que las cláusulas no se suscriban con conocimiento total y adecuado de la información por parte del cliente.

RESOLUCIÓN RELEVANTE

Sentencia de la Audiencia Provincial de Alicante n.º 588/2024, de 29 de noviembre, ECLI:ES:APA:2024:1962

«A continuación, el control de transparencia, según el artículo 4.2 de la Directiva 93/13, viene a ser un presupuesto para poder calificar como abusiva una cláusula que se refiere al objeto principal del contrato o a la retribución de bien o servicio.

Así lo refiere expresamente la STS de 25 de noviembre de 2015 para las tarjetas de crédito revolving:

"Mientras que el interés de demora fijado en una cláusula no negociada en un contrato concertado con un consumidor puede ser objeto de control de contenido y ser declarado abusivo si supone una indemnización desproporcionadamente alta al consumidor que no cumpla con sus obligaciones, como declaramos en las sentencias núm. 265/2015, de 22 de abril, y 469/2015, de 8 de septiembre, la normativa sobre cláusulas abusivas en contratos concertados con consumidores no permite el control del carácter "abusivo" del tipo de interés remuneratorio en tanto que la cláusula en que se establece tal interés regula un elemento esencial del contrato, como es el precio del servicio, siempre que cumpla el requisito de transparencia, que es fundamental para asegurar, en primer lugar, que la prestación del consentimiento se ha realizado por el consumidor con pleno conocimiento de la carga onerosa que la concertación de la operación de crédito le supone y, en segundo lugar, que ha podido comparar las distintas ofertas de las entidades de crédito para elegir, entre ellas, la que le resulta más favorable.

[...]

El interés remuneratorio estipulado fue del 24,6% TAE. Dado que conforme al art. 315, párrafo segundo, del Código de Comercio, « se reputará interés toda prestación pactada a favor del acreedor », el porcentaje que ha de tomarse en consideración para determinar si el interés es notablemente superior al normal del dinero no es el nominal, sino la tasa anual equivalente (TAE), que se calcula tomando en consideración cualesquiera pagos que el prestatario ha de realizar al prestamista por razón del préstamo, conforme a unos estándares legalmente predeterminados. Este extremo es imprescindible (aunque no suficiente por sí solo) para que la cláusula que establece el interés remuneratorio pueda ser considerada transparente, pues no solo permite conocer de un modo más claro la carga onerosa que para el prestatario o acreditado supone realmente la operación, sino que permite una comparación fiable con los préstamos ofertados por la competencia."

Significa que la sola fijación de la TAE es condición necesaria pero no suficiente para que la cláusula sobre el interés remuneratorio pueda considerarse transparente. Debe informarse al cliente de la forma en la que opera este peculiar sistema de crédito revolvente para que pueda comprender la onerosidad de sus prestaciones y, así la STS de 4 de marzo de 2020 afirmaba:

"8.- Han de tomarse además en consideración otras circunstancias concurrentes en este tipo de operaciones de crédito, como son el público al que suelen ir destinadas, personas que por sus condiciones de solvencia y garantías disponibles no pueden acceder a otros créditos menos gravosos, y las propias peculiaridades del crédito revolving, en que el límite del crédito se va recomponiendo constantemente, las cuantías de las cuotas no suelen ser muy elevadas en comparación con la deuda pendiente y alargan muy considerablemente el tiempo durante el que el prestatario

> *sigue pagando las cuotas con una elevada proporción correspondiente a intereses y poca amortización del capital, hasta el punto de que puede convertir al prestatario en un deudor «cautivo», y los intereses y comisiones devengados se capitalizan para devengar el interés remuneratorio"».*

Así pues, dentro del control de transparencia **se distingue entre el control de incorporación y el control de transparencia propiamente dicho**, si no se supera alguno de ellos, la cláusula debe considerarse nula. Pero ¿en qué consiste cada uno?

a) Control de incorporación

La jurisprudencia ha venido reiterando que este control supone el cumplimiento por el predisponente de una serie de requisitos para que las condiciones generales queden incorporadas al contrato, de modo que a través del mismo se trate de comprobar que la adhesión se ha realizado con unas mínimas garantías de cognoscibilidad por el adherente de las cláusulas que se integran en el contrato. Al respecto resulta interesante, entre otras muchas, la **sentencia del Tribunal Supremo n.° 12/2023, de 16 de enero, ECLI:ES:TS:2023:104**, relativa a las cláusulas suelo.

En cuanto a la incorporación de las condiciones generales a los contratos cabe tener en cuenta los artículos 5 y 7 de la Ley 7/1998, de 13 de abril, sobre condiciones generales de la contratación (LCGC). En este sentido señala la referida sentencia que:

> «En la práctica, como ya señalaron las sentencias de esta sala 314/2018, de 28 de mayo y 57/2019, de 25 de enero, se aplica **en primer lugar el filtro negativo del artículo 7 LCGC, y si se supera es necesario pasar una segunda criba, ahora positiva, que es la prevista en los arts. 5.5 y 7 de la misma Ley**: la redacción de las cláusulas generales deberá ajustarse a los criterios de transparencia, claridad, concreción y sencillez, de modo que no quedarán incorporadas al contrato las que sean ilegibles, ambiguas, oscuras e incomprensibles.
>
> El primero de los filtros mencionados, el del art. 7, consiste, pues, en **acreditar que el adherente tuvo ocasión real de conocer las condiciones generales al tiempo de la celebración**. La sentencia 241/2013, de 9 mayo (a la que sigue, entre otras, la sentencia 314/2018, de 28 de mayo) consideró suficiente que la parte predisponente acredite la puesta a disposición y la oportunidad real de conocer el contenido de dichas cláusulas para superar este control, independientemente de que el adherente o el consumidor realmente las haya conocido y entendido, pues esto último tendría más que ver con el control de transparencia y no con el de inclusión.
>
> El segundo de los filtros del control de incorporación, previsto en los arts. 5 y 7 LCGC, hace referencia a la **comprensibilidad gramatical y semántica de la cláusula**».

En conclusión, para superar el control de incorporación es necesario que se trate de una cláusula redactada de forma clara, concreta y sencilla, que permita una comprensión gramatical normal y que el adherente haya tenido oportunidad real de conocer al tiempo de la celebración del contrato.

b) Control de transparencia

Además del control de incorporación previsto, señala la citada **sentencia del Tribunal Supremo n.º 1297/2023, de 26 de septiembre, ECLI:ES:TS:2023:3852**, que debe aplicarse un control de transparencia propiamente dicho a las condiciones generales en los contratos con consumidores, el cual tendrá por objeto que el adherente pueda conocer con sencillez tanto la carga económica que realmente le supone el contrato celebrado, esto es, el sacrificio patrimonial realizado a cambio de la prestación económica que quiere obtener, como la carga jurídica del mismo.

Declara el Alto Tribunal en este sentido que:

> «A las condiciones generales que versan sobre elementos esenciales del contrato se les exige un plus de información que permita que el consumidor pueda adoptar su decisión de contratar con pleno conocimiento de la carga económica y jurídica que le supondrá concertar el contrato, sin necesidad de realizar un análisis minucioso y pormenorizado del contrato. Esto excluye que pueda agravarse la carga económica que el contrato supone para el consumidor, tal y como este la había percibido, mediante la inclusión de una condición general que supere los requisitos de incorporación, pero cuya trascendencia jurídica o económica pasó inadvertida al consumidor porque se le dio un inapropiado tratamiento secundario y no se facilitó al consumidor la información clara y adecuada sobre las consecuencias jurídicas y económicas de dicha cláusula».

En conclusión, como se infiere de la **sentencia del Tribunal Supremo n.º 314/2018, de 28 de mayo, ECLI:ES:TS:2018:1901**:

> «El control de transparencia no se agota en el mero control de incorporación, sino que supone un plus sobre el mismo. Según se desprende inequívocamente de la jurisprudencia del TJUE (sentencias de 21 de marzo de 2013, asunto C-92/11, caso RWE Vertrieb; de 30 de abril de 2014, asunto C-26/13, caso Kásler y Káslerne Rábai; de 26 de febrero de 2015, asunto C-143/13, caso Matei; y de 23 de abril de 2015, asunto C-96/14, caso Van Hove), **no solo es necesario que las cláusulas estén redactadas de forma clara y comprensible, sino también que el adherente pueda tener un conocimiento real de las mismas, de forma que un consumidor informado pueda prever, sobre la base de criterios precisos y comprensibles, sus consecuencias económicas**».

En relación con la aplicación del doble control de transparencia y la jurisprudencia sobre el mismo, resulta interesante en materia de tarjetas *revolving* la **sentencia de la Audiencia Provincial de Madrid n.º 353/2023, de 28 de julio, ECLI:ES:APM:2023:13394**, que aglutinando la distinta jurisprudencia existente recuerda como punto de partida que con carácter general no es posible llevar a cabo un control de abusividad sobre el objeto principal del contrato, pero sí es posible el sometimiento de las condiciones generales que se refieran a ello al doble control de transparencia.

La importancia del requisito de transparencia en las tarjetas *revolving* ya aparecía reflejado en la **STS n.° 628/2015, de 25 de noviembre, ECLI:ES:TS:2015:4810**, que establecía al respecto:

> «(...) el requisito de transparencia, que es fundamental para asegurar, en primer lugar, que la prestación del consentimiento se ha realizado por el consumidor con pleno conocimiento de la carga onerosa que la concertación de la operación de crédito le supone y, en segundo lugar, que ha podido comparar las distintas ofertas de las entidades de crédito para elegir, entre ellas, la que le resulta más favorable».

No obstante, cabe aclarar que **el hecho de que una cláusula supere el doble control de transparencia analizado no excluye, por sí mismo, su abusividad.** Así, establece la **sentencia de la Audiencia Provincial de Cantabria n.° 426/2023, de 5 de septiembre, ECLI:ES:APS:2023:1049**, que:

> «No obstante concluirse que la cláusula que establece el cobro supera el control de incorporación y es transparente, debe señalarse que la transparencia no excluye, sin más, su abusividad. La jurisprudencia del TEJUE y la Comisión Europea en su comunicación 2019/C323/04 (directrices sobre la interpretación y la aplicación de la Directiva 93/13/CEE del Consejo, sobre las cláusulas abusivas en los contratos celebrados con los consumidores) diferencia claramente la falta de transparencia de la abusividad, concluyendo que la falta de transparencia no es un elemento indispensable para la evaluación del carácter abusivo en virtud el Art. 3.1 de la Directiva 93/13, a la luz del desequilibrio inherente a su contenido. Encontramos así clausulas claras, sencillas y transparentes en el plano formal, pero cuyo contenido es contrario a la buena fe, desequilibradoras en perjuicio de del adherente y, en consecuencia, indudablemente abusivas. En este sentido se pronuncia la exposición de motivos de la Ley 7/98, de Condiciones Generales de la Contratación, sal indicar que "nada impide que también judicialmente pueda declararse la nulidad de una Condición General que sea abusiva cuando sea contraria a la buena fe y cause un desequilibrio importante entre los derechos y obligaciones de las partes..."».

Sobre el control de transparencia y los criterios para declarar abusivos los intereses de las tarjetas *revolving,* el Supremo dicta en enero de 2025 dos sentencias (154/2025, ECLI:ES:TS:2025:242 y 155/2025, ECLI:ES:TS:2025:241) en las que señala que, si bien la falta de transparencia no supone automáticamente que una cláusula contractual sea considerada abusiva, en este supuesto de tarjetas *revolving*, la falta de transparencia de la cláusula relativa a la TAE, valorada conjuntamente con las cláusulas relativas al sistema de amortización, el anatocismo y la escasa cuota mensual, no es inocua para el consumidor. Las condiciones señaladas ocasionan un grave desequilibrio contrario a la buena fe, ya que al desconocer los riesgos el consumidor no está en posición de poder comparar la oferta con las de otros sistemas de amortización y se compromete con un contrato que puede tener para él graves consecuencias pudiendo convertirse en lo que la sala ha denominado «deudor cautivo» y el Banco de España denomina «efecto bola de nieve».

Las cláusulas abusivas en las tarjetas *revolving*

En los contratos de tarjetas *revolving* pueden incorporarse cláusulas abusivas muy variadas, de hecho es una práctica frecuente junto con los intereses usurarios derivada de la propia naturaleza y finalidad del contrato pues en estos productos se suelen incorporar determinadas cláusulas predispuestas que aun cuando no adolecen de falta de claridad, sí que provocan un desequilibrio importante entre las partes intervinientes, de modo que se conceden derechos y beneficios a las entidades que incrementan su superioridad en el contrato.

Al respecto señala, con carácter general, la **sentencia del Tribunal Supremo n.º 265/2015, de 22 de abril, ECLI:ES:TS:2015:1723**:

> «(...) el sector bancario se caracteriza porque la contratación con consumidores se realiza mediante cláusulas predispuestas e impuestas por la entidad bancaria, y por tanto, no negociadas individualmente con el consumidor, lo que determina la procedencia del control de abusividad previsto en la Directiva 1993/13/CEE y en el Texto Refundido de la Ley General para la Defensa de los Consumidores y Usuarios, salvo que se pruebe el supuesto excepcional de que el contrato ha sido negociado y el consumidor ha obtenido contra partidas apreciables a la inserción de cláusulas beneficiosas para el predisponente».

|| Intereses remuneratorios

Como ya hemos explicado los intereses remuneratorios se consideran **elemento esencial del contrato** y por tanto quedan dentro del ámbito de exclusión de la abusividad previsto en el artículo 4.2 de la Directiva 93/13/CEE del Consejo, de 5 de abril de 1993, de modo que los mismos habrán de ser objeto de control desde el punto de vista de la usura.

No obstante, cabe traer a colación el caso planteado en la **sentencia de la Audiencia Provincial de Barcelona n.º 12/2022, de 13 de enero, ECLI:ES:APB:2022:420**, en el que firmado un contrato de tarjeta *revolving* con un interés remuneratorio del 26,84 % TAE se interpone demanda solicitando que se declare que las condiciones generales que regulan los intereses y comisiones no superan el control de transparencia y subsidiariamente se declare el carácter usurario del interés remuneratorio. La demanda fue desestimada en tanto entiende el juzgado que al haberse superado el control de incorporación —de la simple lectura del contrato y de los extractos resulta el interés remuneratorio aplicado— no puede entrarse en valorar la abusividad en tanto dicho interés constituye elemento esencial del contrato. Asimismo, se niega el carácter usurario del interés remuneratorio atendiendo a la diferencia del mismo con el índice de referencia del momento de la celebración del contrato.

La decisión anterior se recurre en apelación alegando principalmente la falta de transparencia. Mantiene la audiencia que las condiciones del contrato son legibles y que se supera el control de incorporación.

Por lo que se refiere al control de transparencia, recuerda la sentencia lo previsto por el TJUE, **en sentencia n.º C-125/18, de 3 de marzo de 2020, ECLI:EU:C:2020:138**:

> «La Directiva 93/13, y en particular sus artículos 4, apartado 2, y 8, debe interpretarse en el sentido de que los tribunales de un Estado miembro están obligados a examinar el carácter claro y comprensible de una cláusula contractual que se refiere al objeto principal del contrato, con independencia de la transposición del artículo 4, apartado 2, de dicha Directiva al ordenamiento jurídico de ese Estado miembro».

En la misma línea, la **SAP de Barcelona n.º 12/2022, de 13 de enero, ECLI:ES:APB:2022:420**, señala:

> «(...) el Tribunal de Justicia, desde la protección que le dispensa la directiva 93/13/CEE, no exige que el consumidor real y concreto, es decir, la persona que haya celebrado el contrato (el consumidor contratante), haya entendido la cláusula o el método de cálculo del interés. Ese análisis individual correspondería hacerlo en una acción sobre la validez del consentimiento de consumidor contratante. El análisis que corresponde hacer en una acción individual sobre nulidad de condiciones generales no se trata de un análisis subjetivo sino objetivo. Por eso el Tribunal introduce la figura del consumidor medio. Lo que exige el TJUE es que la cláusula sea compresible para un consumidor medio, tanto desde el punto de vista gramatical, como desde el punto de vista de la información a su disposición. No se trata de valorar si el consumidor contratante ha entendido la cláusula (valoración subjetiva), sino si el consumidor-contratante ha dispuesto de la información necesaria para asegurar que un consumidor medio la hubiera entendido (valoración objetiva). (STJUE 3 de marzo de 2020, C 125/18, asunto Gómez del Moral, FJ 51).
> 37. Si la cláusula no supera el test de transparencia, tenemos que analizar si la cláusula puede ser considerada abusiva (...)».

Así concluye, en el caso concreto, que la cláusula es comprensible formalmente, surgiendo dudas en cuanto a la transparencia material relativa a la capacidad de comprensión del consumidor, lo cual, en este supuesto, entiende que también concurre. **Solo en el caso de no haber superado el control de transparencia podría entrarse a considerar la abusividad de la cláusula, aun cuando se refiere al interés remuneratorio.**

Sobre la abusividad de la cláusula que fija el interés remuneratorio son de destacar las sentencias dictadas por el Tribunal Supremo a principios del año 2025 en las que fija la abusividad de esta cláusula, evaluada conjuntamente con las que establecen el sistema de amortización *revolving*, cláusula que no supera el control de transparencia.

JURISPRUDENCIA

Sentencias del Tribunal Supremo n.º 154/2025, de 31 de enero, ECLI:ES:TS:2025:242, y n.º 155/2025, de 31 de enero, ECLI:ES:TS:2025:241

Criterios para declarar abusivos los intereses de demora de las tarjetas revolving por falta de transparencia

«(...) La transparencia de las cláusulas no negociadas en los contratos celebrados con consumidores. El TJUE ha señalado que la exigencia de transparencia de las cláu-

---

sulas no negociadas en contratos celebrados con consumidores que resulta de los arts. 4.2 y 5 de la Directiva 93/13/CEE no puede reducirse solo al carácter comprensible de estas en un plano formal y gramatical, sino que, (...) esa exigencia de redacción clara y comprensible de las cláusulas contractuales, y por tanto de transparencia, debe entenderse de manera extensiva (...).

Esta exigencia requiere que el consumidor medio, normalmente informado y razonablemente atento y perspicaz, esté en condiciones de comprender el funcionamiento concreto de tal cláusula y de valorar así, basándose en criterios precisos y comprensibles, las consecuencias económicas, potencialmente significativas, de dicha cláusula sobre sus obligaciones (...).

(...)

Esta interpretación de la transparencia implica que los profesionales deben proporcionar información clara a los consumidores sobre las cláusulas del contrato y sus implicaciones y consecuencias antes de la celebración del contrato.

(...)

(...) es necesario verificar que se comunicaron al consumidor todos los elementos que pueden incidir en el alcance de su compromiso, que se expusieron de manera transparente los motivos y las particularidades de la estipulación contractual, así como la relación entre dicha cláusula y otras cláusulas relativas a la retribución del prestamista, de forma que un consumidor informado pueda prever, sobre la base de criterios precisos y comprensibles, las consecuencias económicas que para él se derivan y le permitan evaluar, en particular, el coste total de su préstamo, permitiéndole evaluar las consecuencias financieras de este.

(...) El crédito revolving es un crédito al consumo con interés, de duración indefinida o de duración definida prorrogable de forma automática, concedido a personas físicas, en el que el crédito dispuesto no se satisface en su totalidad al final del período de liquidación pactado. El consumidor puede disponer hasta el límite del crédito concedido sin tener que pagar la totalidad de lo dispuesto en un plazo determinado, sino que reembolsa el crédito dispuesto de forma aplazada sin una duración determinada, mediante el pago de cuotas periódicas cuyo importe puede consistir en una cantidad fija o en un porcentaje de la cantidad dispuesta, siendo habitual que la entidad financiera fije, por defecto, una cantidad o un porcentaje bajo, lo que alarga significativamente el plazo de amortización y supone la generación de una gran cantidad de intereses al amortizarse poco capital en cada cuota.

(...)

El Banco de España también ha hecho referencia a las consecuencias financieras que puede tener esta peculiaridad del crédito revolving, que puede dar lugar a lo que dicho organismo califica como «efecto de bola de nieve», que es el riesgo de encadenarse a una deuda indefinida, que nunca se termina de pagar.

Estas consecuencias negativas para el consumidor pueden producirse por la conjunción de varios factores: el carácter indefinido o prorrogable automáticamente del crédito; el límite del crédito se va recomponiendo constantemente; el elevado tipo de interés; la escasa cuantía de las cuotas, bien porque han sido establecidas por defecto en el contrato, bien porque han sido elegidas por el consumidor por el atractivo de ser asumibles en el corto plazo pero que van acrecentando un problema que se hará cada vez más serio a largo plazo pues suponen que se amortice muy poco capital; y, en su caso, el anatocismo en caso de impago de alguna cuota, comisión o indemnización de modo que el interés de demora se calcula sobre la totalidad de la cantidad adeudada, incluyendo capital, intereses, indemnizaciones y comisiones.

En consecuencia, es preciso que el consumidor reciba una información sobre estas características y estos riesgos, con un contenido y presentación adecuada y en el momento oportuno.

(....) El hecho de que la tarjeta pueda comenzar a utilizarse con posterioridad a la celebración del contrato y no necesariamente en el momento de la suscripción del contrato, no exime al profesional de facilitar esa información con antelación suficiente a la celebración del contrato pues, una vez celebrado este, el consumidor puede hacer uso inmediato del crédito facilitado y sufrir las consecuencias derivadas de los riesgos del sistema revolving a que hemos hecho referencia, antes de haber analizado la información.

El contenido de la información. En lo que respecta al contenido, la información que debe suministrarse al consumidor al que se le ofrece una tarjeta con la modalidad revolving debe cumplir con las exigencias establecidas en la normativa nacional y con aquellas que el TJUE ha extraído de la Directiva 93/13/CEE.

En consecuencia, la información debe permitir al consumidor medio comprender el producto ofertado, tomar conciencia de los riesgos que se derivan del plazo indefinido o prorrogable automáticamente, el elevado tipo de interés, la recomposición constante del crédito, la escasa amortización del capital en el caso de cuotas bajas, y el anatocismo; y, asimismo debe permitirle comparar las diversas ofertas, tal como exige el art. 10 de la Ley de contratos de crédito al consumo, pues para optar por una u otra modalidad de amortización es necesario que las comprenda. Por tanto, es necesaria una información diferenciada sobre las características, los costes y los riesgos de las tres modalidades de financiación que por lo general son electivas, por más que en muchos casos se aplique, por defecto, la modalidad revolving. Porque la diferencia de la modalidad revolving con la modalidad de pago aplazado a fin de mes, sin intereses, puede ser fácil de comprender, pero no lo es tanto la diferencia entre la modalidad de pago aplazado, que es en realidad un préstamo al consumo, parecido a la compra a plazos, y la modalidad revolving.

Para cumplir tales exigencias no es suficiente que la información contenga la TAE.

(...)

El sistema de amortización revolving no es simplemente un sistema como el de pago aplazado, que puede considerarse un simple préstamo al consumo que se va amortizando en cuotas periódicas durante un periodo determinado. Ya hemos expuesto sus peculiares características y los riesgos que conllevan, significativamente superiores a los de un simple préstamo al consumo.

(...)

Con la información contenida en el contrato y en la ficha INE entregada a la demandante, un consumidor medio, normalmente informado, razonablemente atento y perspicaz, no es capaz de tomar conciencia de la naturaleza y consecuencias del mecanismo de amortización revolving, los elevados costes que pueden suponerle y los riesgos de terminar siendo un "deudor cautivo" que tal sistema puede implicar.

(...)

Pues bien, de manera similar a como hemos declarado en los supuestos de cláusulas suelo o de préstamos en divisas, en el caso de las tarjetas revolving, la falta de transparencia de la cláusula relativa a la TAE, valorada junto con las cláusulas relativas al sistema de amortización, el anatocismo y la escasa cuota mensual, no es inocua para el consumidor, sino que provoca un grave desequilibrio, en contra de las exigencias de la buena fe, puesto que, al ignorar los riesgos significativos que entraña dicho sistema de amortización, no puede comparar la oferta con las de otros sistemas de amortización y se compromete en un contrato que puede tener para él graves con-

secuencias pues puede terminar siendo lo que hemos venido en llamar un "deudor cautivo" y el Banco de España denomina "efecto bola de nieve".

Son también circunstancias relevantes para la valoración de la buena fe del predisponente necesaria para apreciar la abusividad de estas cláusulas la incitación por parte del profesional a la contratación en la modalidad revolving en los términos más proclives a acentuar tales riesgos, como resulta de su comercialización fuera de establecimientos financieros (en las estaciones de tren, autobús, aeropuerto o centros comerciales tales como hipermercados, grandes superficies de electrodomésticos y electrónica, etc.), con denominaciones que ocultan esos riesgos e incitan a su contratación ("cuota fácil" en este caso), con previsiones contractuales en las que, por defecto, se contrata el sistema revolving y/o las cuotas de escasa cuantía que incrementan el pago de intereses y prolongan el plazo de amortización.

La consecuencia de lo expuesto es que ha de confirmarse el carácter abusivo de la cláusula que fija el interés remuneratorio (...)».

|| Intereses de demora

Como ya hemos dicho, los intereses de demora son objeto de control respecto de su abusividad con aplicación de las normas sobre cláusulas abusivas previstas para los contratos concertados con consumidores.

Para determinar el carácter abusivo del interés de demora, resulta interesante la **sentencia del Tribunal Supremo n.º 265/2015, de 22 de abril, ECLI:ES:TS:2015:1723**, de la que se infiere:

«La cláusula que establece el interés de demora no define el objeto principal del contrato ni la adecuación entre el precio y la prestación. Regula un elemento accesorio como es la **indemnización a abonar por el prestatario en caso de retraso en el pago de las cuotas** (en el caso enjuiciado, mediante la adición de diez puntos porcentuales al tipo de interés remuneratorio) y, como tal, no resulta afectada por la previsión del art. 4.2 de la Directiva que solo prevé el control de transparencia sobre las cláusulas que definan el objeto principal del contrato o a la adecuación entre precio y retribución, por una parte, y los servicios o bienes que hayan de proporcionarse como contrapartida. Es más, tanto la Directiva como la Ley, actualmente el Texto Refundido de la Ley General para la Defensa de los Consumidores y Usuarios, prevén expresamente la abusividad de este tipo de cláusulas cuando existe una desproporción de la indemnización por incumplimiento del consumidor con el quebranto patrimonial efectivamente causado al profesional o empresario.

Debe recordarse asimismo que el TJUE ha considerado que no puede hacerse una aplicación extensiva de la restricción del control de abusividad previsto en el citado art. 4.2 de la Directiva, al constituir una excepción del mecanismo de control del fondo de las cláusulas abusivas previsto en el sistema de protección de los consumidores que establece esa Directiva (STJUE de 30 de abril de 2014, asunto C-26/13, caso Árpád Kásler y Hajnalka Káslerné Rábai, párrafo 42)».

Y la misma sentencia añade que:

«Una vez justificado el carácter abusivo de las cláusulas no negociadas en contratos concertados con consumidores que establezcan un interés de

demora excesivo, en tanto constituya una indemnización desproporcionadamente alta al incumplimiento contractual del consumidor que se retrasa
en el pago de las cuotas de amortización del préstamo, (...).

(...)

(...) la **Sala considera abusivo un interés de demora que suponga un
incremento de más de dos puntos porcentuales respecto del interés remuneratorio pactado en un préstamo personal**».

Con cita a la sentencia anterior y de acuerdo con lo resuelto por el
TJUE, **sentencia n.º C-96/16 y C-94/17, de 7 de agosto de 2018, ECLI:EU-
:C:2018:643**, el Tribunal Supremo en su **sentencia n.º 671/2018, de 28 de
noviembre, ECLI:ES:TS:2018:3889**, tras declarar la aplicación al caso del
criterio establecido para fijar la abusividad de los intereses de demora, esto
es, «(...) confirma la corrección de la declaración de nulidad, por abusiva, que
ha realizado la Audiencia Provincial de la cláusula que establece el interés
de demora en el préstamo objeto de este recurso, puesto que supera en
más de dos puntos porcentuales el interés remuneratorio (...)»», se pronuncia
sobre los efectos de la declaración de nulidad por abusiva de la cláusula que
establece el interés de demora citando numerosa jurisprudencia europea.
Así sostiene, frente a la postura del recurrente que entendía que anulada la
cláusula que fijaba el interés de demora por abusiva el préstamo dejaba de
devengar interés alguno, lo siguiente:

– Los órganos judiciales ante una cláusula abusiva están obligados
  a dejarla sin efecto, para que no produzca efectos vinculantes para
  el consumidor, pero sin poder modificar su contenido (**STJUE n.º
  C-482/13, C-484/13, C-485/13, C-487/13, de 21 de enero de 2015,
  ECLI:EU:C:2015:21**).

– Declarada la abusividad de una cláusula, tampoco es posible aplicar
  de modo supletorio una disposición de carácter dispositivo de derecho nacional, solo se admite esta posibilidad cuando sea necesario
  que el contrato subsista en beneficio del consumidor para evitarle
  una mayor penalización.

– La consecuencia de la apreciación de la abusividad de una cláusula
  que fija el interés de demora es su supresión, sin que el juez pueda
  aplicar la norma supletoria del derecho nacional, y sin que pueda in-
  tegrarse el contrato, pues no se trata de una cláusula necesaria para
  la subsistencia del contrato en beneficio del consumidor.

– Así pues, de lo anterior se infiere que la abusividad de la cláusula que
  fija el interés de demora no puede suponer suprimir también el devengo del interés remuneratorio, en tanto la razón de la abusividad es que
  el incremento del tipo de interés a pagar por el consumidor en caso de
  demora supone una indemnización desproporcionadamente alta por el
  retraso en el cumplimiento de las obligaciones del consumidor.

Concluye el Alto Tribunal señalando:

«(...) lo que **procede anular y suprimir completamente, privándola de
su carácter vinculante, es esa cláusula abusiva, esto es, la indemnización desproporcionada por el retraso en el pago de las cuotas del présta-**

mo (el recargo sobre el tipo del interés remuneratorio), **pero no el interés remuneratorio**, que sigue cumpliendo la función de retribuir la disposición del dinero por parte del prestatario hasta su devolución.

(...)

17.- De acuerdo con esta doctrina, no es correcta la solución adoptada en la sentencia recurrida, consistente en sustituir el interés de demora abusivo por el consistente en el triple del interés legal del dinero, previsto en el art. 114.3 de la Ley Hipotecaria como límite a los intereses de demora de préstamos o créditos para la adquisición de vivienda habitual, garantizados con hipotecas constituidas sobre la misma vivienda. Pero tampoco puede aceptarse la solución sostenida por el recurrente, consistente en que una vez que dejó de pagar las cuotas del préstamo hipotecario e incurrió en mora, el préstamo dejó de devengar interés alguno.

La solución, conforme a lo dispuesto en las sentencias de esta sala citadas en los párrafos precedentes, es que, declarada la nulidad de la cláusula que establece el interés de demora, cuando el prestatario incurra en mora el capital pendiente de amortizar sigue devengando el interés remuneratorio fijado en el contrato».

RESOLUCIÓN RELEVANTE

Sentencia del Tribunal de Justicia de la Unión Europea n.º C-96/16 y C-94/17, de 7 de agosto de 2018, ECLI:EU:C:2018:643

«74 Aunque el Tribunal de Justicia ha reconocido al juez nacional la facultad de sustituir una cláusula abusiva por una disposición supletoria de Derecho nacional, según jurisprudencia reiterada del propio Tribunal de Justicia esta posibilidad queda limitada a aquellos supuestos en los que la declaración de la nulidad de la cláusula abusiva obligaría al juez a anular el contrato en su totalidad, quedando expuesto el consumidor de este modo a consecuencias de tal índole que representaran para él una penalización. Tal como ha declarado en lo sustancial el Tribunal de Justicia, en esta perspectiva la anulación de la cláusula de un contrato de préstamo que establece el tipo de interés de demora aplicable no puede acarrear consecuencias negativas para el consumidor, ya que las cantidades que podría reclamarle el prestamista serán necesariamente menores al no aplicarse el mencionado interés de demora (véase, en este sentido, la sentencia de 21 de enero de 2015, Unicaja Banco y Caixabank, C‑482/13, C‑484/13, C‑485/13 y C‑487/13, EU:C:2015:21, apartados 33 y 34).

75 Por lo demás, la Directiva 93/13 no exige que el juez nacional deje sin aplicación, además de la cláusula declarada abusiva, aquellas cláusulas que no han sido calificadas como tales. En efecto, el objetivo perseguido por la Directiva consiste en proteger al consumidor y en restablecer el equilibrio entre las partes del contrato, dejando sin aplicación las cláusulas consideradas abusivas y manteniendo al mismo tiempo, en principio, la validez de las restantes cláusulas del contrato en cuestión (véanse, en este sentido, las sentencias de 30 de mayo de 2013, J‑rös, C‑397/11, EU:C:2013:340, apartado 46, y de 31 de mayo de 2018, Sziber, C‑483/16, EU:C:2018:367, apartado 32).

76 En particular, de la Directiva 93/13 no se desprende que dejar sin aplicar o anular la cláusula de un contrato de préstamo que establece el tipo de interés de demora a causa del carácter abusivo de la misma deba acarrear también la no aplicación o anulación de la cláusula del mismo contrato que establezca el tipo de interés remuneratorio, máxime cuando es preciso distinguir claramente entre ambas cláusulas. En efecto, a este último respecto cabe señalar que, según resulta del auto de remisión en el asunto C?94/17, la finalidad de los intereses de demora es sancionar el incumplimiento por el deudor de su obligación de devolver el préstamo mediante los pagos periódicos convenidos contractualmente, disuadir al deudor de incurrir en mora en el cumplimiento de sus obligaciones y, en su caso, indemnizar al prestamista de los daños y perjuicios sufridos como consecuencia del retraso en el pago. En cambio, la función del interés remuneratorio consiste en retribuir al prestamista por poner a disposición del prestatario una cantidad de dinero hasta la devolución de la misma.

77 Tal como ha señalado el Abogado General en el punto 90 de sus conclusiones, las anteriores consideraciones resultan aplicables con independencia de la manera en que estén redactadas la cláusula contractual que establezca el tipo de interés de demora y la que establezca el tipo de interés remuneratorio. En particular, tales consideraciones no solo son válidas cuando el tipo de interés de demora se define independientemente del tipo de interés remuneratorio, en una cláusula distinta, sino también cuando el tipo de interés de demora se determina en forma de un incremento de varios puntos porcentuales sobre el tipo de interés remuneratorio. En este último supuesto, al consistir la cláusula abusiva en tal incremento, lo único que exige la Directiva 93/13 es que este se anule.

(...)

La Directiva 93/13 debe interpretarse en el sentido de que no se opone a una jurisprudencia nacional, como la del Tribunal Supremo cuestionada en los litigios principales, según la cual la consecuencia del carácter abusivo de una cláusula no negociada de un contrato de préstamo celebrado con un consumidor que establece el tipo de interés de demora consiste en la supresión total de los intereses de demora, sin que dejen de devengarse los intereses remuneratorios pactados en el contrato».

Comisión por impago o gastos por reclamación de posiciones deudoras

Por lo que se refiere a la abusividad de una cláusula por la que se establece el cobro de una comisión por reclamación de impago, resulta aplicable lo dicho sobre el doble control de transparencia, superado el cual cabe entrar a analizar si se excluye o no su carácter abusivo. Al respecto, resulta interesante la **sentencia de la Audiencia Provincial de Cantabria n.º 426/2023, de 5 de septiembre, ECLI:ES:APS:2023:1049**, la cual establece que, de la normativa bancaria —Orden EHA/2899/2011, de 28 de octubre; Circular 5/2012, de 27 de junio, del Banco de España; Orden ECE/1263/2019, de 26 de diciembre— y de la jurisprudencia reiterada del TS —a título de ejemplo, **STS n.º 1333/2023, de 28 de septiembre, ECLI:ES:TS:2023:3893**— se infieren dos requisitos para que las entidades de crédito puedan cobrar comisiones a sus clientes:

– Que retribuyan un servicio real prestado al cliente.

– Que los gastos del servicio se hayan realizado efectivamente.

Es decir, las entidades bancarias no pueden cobrar servicios que no hayan solicitado o aceptado los clientes, que deberán ser informados personalmente y por anticipado del importe que deberán abonar por este servicio.

Generalmente, el cliente debe disponer de fondos suficientes para cumplir sus obligaciones de pago en fecha, ya que en caso contrario es posible que las entidades les cobren ciertos gastos, entre ellos la referida comisión por impago. En relación con esta, llamada ahora «gastos por reclamación de posiciones deudoras», ha señalado el Banco de España en su Memoria de Reclamaciones 2022 que el **cobro de gastos por reclamación de posiciones deudoras es una práctica bancaria habitual y tiene por objeto la recuperación de los costes en los que ha incurrido la entidad al efectuar las gestiones necesarias para la recuperación de los saldos deudores.** Asimismo, tiene por finalidad la recuperación del saldo y evitar situaciones más perjudiciales para ambas partes, como el vencimiento anticipado de la operación o el ejercicio de acciones judiciales.

¿Cuáles son los criterios de buenas prácticas vigentes para la repercusión de gastos por reclamación de posiciones deudoras? Estos criterios se han ido actualizando a lo largo de los años, concretándolos la citada memoria en los siguientes:

- Será imprescindible su previsión y concreción en la información precontractual y contractual, de modo transparente y de acuerdo con el contenido mínimo de la normativa bancaria.

- La información anterior deberá recoger lo siguiente:

  - El importe concreto de los gastos que se han de repercutir, que deberá ser acorde con los costes efectivamente soportados por la entidad.

  - El canal empleado para efectuar las comunicaciones, que deberá ser el adecuado, de forma que guarde proporcionalidad con el saldo reclamado.

  - La incompatibilidad con otras penalizaciones, por lo que no se podrán establecer otras penalizaciones en el contrato por el mismo concepto.

- De producirse el efectivo devengo de dichos gastos:

  - Se deberá informar de los mismos previamente a su cargo.

  - No cabrá el cobro de más de una comunicación para un mismo saldo impagado, ni siquiera cuando este se prolongue en sucesivas liquidaciones.

  - Las comunicaciones deberán ser respetuosas con la privacidad del cliente, proporcionales a los deberes de información y no resultar excesivas

También es importante traer a colación lo dispuesto por el TJUE en su **sentencia n.º C-621/17, de 3 de octubre de 2019, ECLI:EU:C:2019:820:**

> «43 Ciertamente, de la jurisprudencia mencionada en el apartado 37 de la presente sentencia **no se desprende que el prestamista esté obligado a precisar en el contrato de que se trate la naturaleza de todos los servicios proporcionados como contrapartida de los gastos previstos en una o varias cláusulas contractuales.** No obstante, habida cuenta de la protección que la Directiva 93/13 pretende conceder al consumidor por el hecho de encontrarse en una situación de inferioridad con respecto al profesional, tanto en lo que respecta a la capacidad de negociación como

al nivel de información, es importante que la naturaleza de los servicios efectivamente proporcionados pueda razonablemente entenderse o deducirse del contrato en su conjunto. Además, el consumidor debe poder comprobar que no hay solapamiento entre los distintos gastos o entre los servicios que aquellos retribuyen.

(...)

45 Por consiguiente, procede responder a la primera cuestión prejudicial que los artículos 4, apartado 2, y 5 de la Directiva 93/13 deben interpretarse en el sentido de que el requisito de que una cláusula contractual esté redactada de manera clara y comprensible no exige que las cláusulas contractuales que no hayan sido objeto de negociación individual contenidas en un contrato de préstamo celebrado con los consumidores, como las controvertidas en el litigio principal, que determinan con precisión el importe de los gastos de gestión y de una comisión de desembolso a cargo del consumidor, su método de cálculo y el momento en que han de abonarse, precisen también todos los servicios proporcionados como contrapartida de los importes correspondientes».

Añadiendo, en lo relativo al **carácter abusivo** que:

«55 En cuanto a si las cláusulas controvertidas en el litigio principal, contrariamente a las exigencias de la buena fe, causan un desequilibrio importante en detrimento del consumidor, debe considerarse, como se desprende de la resolución de remisión, que la percepción de gastos de gestión y de una comisión de desembolso está prevista en el Derecho interno. A menos que no pueda considerarse razonablemente que los servicios proporcionados como contrapartida se prestan en el ámbito de la gestión o del desembolso del préstamo, o que los importes que debe abonar el consumidor en concepto de gastos de gestión y de comisión de desembolso sean desproporcionados en relación con el importe del préstamo, no parece, sin perjuicio de la comprobación que deberá efectuar el órgano jurisdiccional remitente, que dichas cláusulas afecten negativamente a la situación jurídica del consumidor, tal como la regula el Derecho nacional. Corresponde al órgano jurisdiccional remitente tener en cuenta, además, el efecto de las demás cláusulas contractuales para determinar si dichas cláusulas causan un desequilibrio importante en detrimento del prestatario.

56 Por consiguiente, procede responder a la segunda cuestión prejudicial que el artículo 3, apartado 1, de la Directiva 93/13 debe interpretarse en el sentido de que, en principio, una cláusula contractual como la controvertida en el litigio principal, relativa a los gastos de gestión de un contrato de préstamo, que no permite identificar inequívocamente los servicios concretos proporcionados como contrapartida, no causa, contrariamente a las exigencias de la buena fe y en detrimento del consumidor, un desequilibrio importante entre los derechos y obligaciones de las partes que se derivan del contrato».

En definitiva, retomando la **SAP de Cantabria n.° 426/2023, de 5 de septiembre, ECLI:ES:APS:2023:1049**, en el caso en ella planteado y a la vista de lo anterior, concluye que la condición general que contempla el cobro de la comisión reúne los requisitos necesarios para considerarse abusiva. Esto es así, toda vez que el cobro de la comisión se prevé de forma automática, la cláusula no identifica las gestiones que han de llevarse a cabo para generar el gasto y traslada al consumidor la carga de probar o bien que no ha habido gestión o bien que la misma no tiene el coste previsto en el contrato o, incluso ambas cosas. Es, por tanto, la indeterminación de la cláusula la que genera la abusividad pues supondría, sin más, sumar a los intereses de demora una cantidad a modo de penalización por el mismo concepto.

La consecuencia del citado carácter abusivo será la nulidad de la cláusula que se tendrá por no puesta, manteniendo su vigencia el contrato sin aplicación de aquella.

‖ Vencimiento anticipado

En cuanto a la cláusula sobre vencimiento anticipado que se puede prever en el contrato cabe hacer referencia a la jurisprudencia existente, así, en primer lugar, resulta relevante la **sentencia del Tribunal Supremo n.º 463/2019, de 11 de septiembre, ECLI:ES:TS:2019:2761**, en ella se sintetizan los pronunciamientos anteriores relativos al vencimiento anticipado si bien con referencia a los préstamos con garantía hipotecaria, si bien, como veremos después, algunas de sus consideraciones son también aplicables a préstamos personales.

Entonces ¿cuáles son los puntos claves de la jurisprudencia sobre el vencimiento anticipado y su posible **abusividad**? Citando numerosa jurisprudencia nacional y europea, la meritada sentencia los concreta en los siguientes:

– La cláusula de vencimiento anticipado permite reclamar la totalidad de lo adeudado, antes de que venza el plazo establecido por incumplimiento del deudor.

– Han de determinarse claramente los casos en que procede dicho vencimiento anticipado.

– La cláusula que prevé el vencimiento anticipado por falta de pago de alguno de los plazos, sin ser abusiva per se, podía tener tal consideración atendiendo a las circunstancias del caso. (**STJUE n.º C-415/11, de 14 de marzo de 2013, ECLI:EU:C:2013:164**).

– Para que una cláusula de vencimiento anticipado supere los criterios de abusividad debe modular la gravedad del incumplimiento en función de la duración y cuantía del préstamo, y permitir al consumidor evitar su aplicación mediante una conducta diligente de reparación. La posible abusividad proviene de los términos en que la condición general predispuesta permite el vencimiento anticipado y no de la mera previsión de este.

– La **STJUE n.º C-70/17 y C-179/17, de 26 de marzo de 2019, ECLI:EU:C:2019:250**, concluye que «Los artículos 6 y 7 de la Directiva 93/13/CEE del Consejo, de 5 de abril de 1993, sobre las cláusulas abusivas en los contratos celebrados con consumidores, deben interpretarse en el sentido de que, por una parte, se oponen a que una cláusula de vencimiento anticipado de un contrato de préstamo hipotecario declarada abusiva sea conservada parcialmente mediante la supresión de los elementos que la hacen abusiva, cuando tal supresión equivalga a modificar el contenido de dicha cláusula afectando a su esencia, y, por otra parte, no se oponen a que el juez nacional ponga remedio a la nulidad de tal cláusula abusiva sustituyéndola por la nueva redacción de la disposición legal que inspiró dicha cláusula, aplicable en caso de convenio entre las partes del contrato, siempre que el contrato de préstamo hipotecario en cuestión no pueda subsistir en caso de supresión de la citada cláusula abusiva y la anulación del contrato en su conjunto exponga al consumidor a consecuencias especialmente perjudiciales». Esto supone:

- No se puede fragmentar la cláusula abusiva para dotar de validez a una parte de su contenido.

- Corresponde a los órganos judiciales nacionales determinar si, declarada la abusividad de la cláusula de vencimiento anticipado, el contrato puede subsistir. Para esta decisión habrá de adoptarse un enfoque objetivo.

- Solo en caso de que se entienda que el contrato puede subsistir sin la cláusula de vencimiento anticipado será relevante la postura del consumidor.

La **STS n.º 463/2019, de 11 de septiembre, ECLI:ES:TS:2019:2761**, concluye que «(...) los tribunales deberán valorar, en el caso concreto, si el ejercicio de la facultad de vencimiento anticipado por parte del acreedor está justificado, en función de la esencialidad de la obligación incumplida, la gravedad del incumplimiento en relación con la cuantía y duración del contrato de préstamo y la posibilidad real del consumidor de evitar esta consecuencia». Y añade: «(...) parece evidente que una cláusula de vencimiento anticipado que permite la resolución con el incumplimiento de un solo plazo, incluso parcial y respecto de una obligación accesoria, debe ser reputada abusiva, dado que no se vincula a parámetros cuantitativa o temporalmente graves».

En segundo lugar, cabe hacer alusión a la sentencia del Tribunal Supremo n.º 101/2020, de 12 de febrero, ECLI:ES:TS:2020:336, que se refiere a la cláusula de vencimiento anticipado en los préstamos personales.

A TENER EN CUENTA. En relación con la sentencia anterior y reiterando la doctrina en ella expuesta resulta interesante la lectura de las siguientes sentencias: STS n.º 105/2020, de 19 de febrero, ECLI:ES:TS:2020:500; STS n.º 106/2020, de 19 de febrero, ECLI:ES:TS:2020:501; STS n.º 107/2020, de 19 de febrero, ECLI:ES:TS:2020:503; STS n.º 788/2021, de 15 de noviembre, ECLI:ES:TS:2021:4142.

Pues bien, la meritada sentencia (**STS n.º 101/2020**) declara aplicables a los préstamos personales algunas de las consideraciones que anteriormente hemos analizado respecto de los préstamos con garantía hipotecaria; en este sentido cabe reseñar lo siguiente:

- El TS no ha negado la validez de la cláusula de vencimiento anticipado siempre que se encuentre claramente determinado en el contrato los casos en que podría tener lugar aquel, no pudiendo quedar al arbitrio del prestamista. De este modo reitera que la posible abusividad deriva de los términos de la cláusula predispuesta que permita el vencimiento anticipado, y no de su mera previsión.

- Asimismo, trae a colación la jurisprudencia en cuanto a la modulación de la gravedad del incumplimiento para que la cláusula de vencimiento anticipado no sea abusiva, señalando que debe modularse atendiendo a la duración y cuantía del préstamo.

No obstante, aclara dos diferencias respecto de los préstamos hipotecarios:

«4.- A diferencia de lo que sucede con los préstamos hipotecarios, **en los contratos de préstamo personal, la supresión o expulsión de la cláusula de vencimiento anticipado declarada abusiva no compromete la subsistencia del contrato** (sentencia 463/2019, de 11 de septiembre). En consecuencia, no podemos extraer las consecuencias establecidas por la jurisprudencia del TJUE sobre la aplicación supletoria de una norma de Derecho nacional en casos en que el contrato no pueda subsistir y su nulidad resulte perjudicial para el consumidor (por todas, STJUE de 26 de marzo de 2019).

5.- Pero es que, además, también a **diferencia de lo que sucede con los préstamos hipotecarios**, respecto de los que existen normas legales que permiten el vencimiento anticipado -no solo como pacto, sino como previsión legal- (arts. 693.2 LEC y 24 LCCI), no hay una regulación equivalente para los préstamos personales o sin garantía».

Finalmente, en este tipo de casos, conforme a la doctrina del TJUE, **no es posible salvar la abusividad de la cláusula porque no llegara a aplicarse en su literalidad y la entidad prestamista soportase un período amplio de morosidad antes de ejercitarla.**

3.
JURISPRUDENCIA DEL TRIBUNAL SUPREMO SOBRE USURA O FALTA DE TRANSPARENCIA EN LAS TARJETAS REVOLVING

Primera sentencia sobre las tarjetas *revolving:* análisis de la STS n.º 628/2015, de 25 de noviembre

La sentencia del Tribunal Supremo n.º 628/2015, de 25 de noviembre, ECLI:ES:TS:2015:4810, es el punto de partida para la numerosa jurisprudencia que vendrá con posterioridad, ya que es la primera en interpretar la **Ley de 23 de julio de 1908 sobre nulidad de los contratos de préstamos usurarios** (Ley de Usura) y analiza por primera vez el «contrato personal *revolving*».

Así, la doctrina jurisprudencial fijada en la referida sentencia puede sintetizarse en los siguientes extremos:

1. La **normativa sobre cláusulas abusivas en contratos concertados con consumidores** no permite el control del carácter «abusivo» del tipo de interés remuneratorio en tanto que la cláusula en que se establece tal interés regula un elemento esencial del contrato, como es el precio del servicio, siempre que cumpla el requisito de transparencia. La expresión de la TAE es requisito imprescindible, aunque no suficiente por sí solo, para que la cláusula que establece el interés remuneratorio pueda ser considerada transparente.

2. Se reputará **interés** toda prestación pactada a favor del acreedor de acuerdo con el artículo 315 del Código de Comercio, así, en este caso el porcentaje que ha de tomarse en consideración **para determinar si el interés es notablemente superior al normal del dinero no es el nominal, sino la tasa anual equivalente (TAE)**, que se calcula tomando en consideración cualesquiera pago que el prestatario ha de realizar al prestamista por razón del préstamo, conforme a unos estándares legalmente predeterminados.

3. Para **determinar si el préstamo, crédito u operación similar es usurario**, el interés con el que ha de realizarse la comparación es el «normal del dinero».

4. La decisión de la Audiencia Provincial de considerar como «no excesivo» un interés que superaba ampliamente el índice fijado en la instancia como significativo del «interés normal del dinero» (el tipo medio de los créditos al consumo) no fue correcta, puesto que la cuestión no era tanto si ese interés es o no excesivo, como si es «notablemente superior al normal del dinero y manifiestamente desproporcionado con las circunstancias del caso», y una diferencia tan importante respecto del tipo medio tomado como referencia permite considerar el interés estipulado como «notablemente superior al normal del dinero».

5. ¿A quién corresponde la carga de la prueba? Corresponde al prestamista la carga de probar la concurrencia de circunstancias excepcionales que justifiquen la estipulación de un interés notablemente superior al normal en las operaciones de crédito al consumo.

6. **No pueden considerarse como circunstancias excepcionales** que justifiquen un interés notablemente superior al normal del dinero el riesgo derivado del alto nivel de impagos anudado a operaciones de crédito al consumo concedidas de un modo ágil y sin comprobar adecuadamente la capacidad de pago del prestatario, por cuanto que la concesión irresponsable de préstamos al consumo a tipos de interés muy superiores a los normales, que facilita el sobreendeudamiento de los consumidores y trae como consecuencia que quienes cumplen regularmente sus obligaciones tengan que cargar con las consecuencias del elevado nivel de impagos, no puede ser objeto de protección por el ordenamiento jurídico.

Así, la sentencia recurrida fijó como hecho acreditado que el interés del 24,6 % TAE apenas superaba el doble del interés medio ordinario en las operaciones de crédito al consumo de la época en que se concertó el contrato, lo que, consideraba que dicho interés no puede tacharse de excesivo, por lo tanto, la cuestión no es tanto si es o no excesivo, como si es *notablemente superior al normal del dinero y manifiestamente desproporcionado con las circunstancias del caso»*, y el Tribunal Supremo considera que una diferencia de esa envergadura entre el TAE fijado en la operación y el interés medio de los préstamos al consumo en la fecha en que fue concertado permite considerar el interés estipulado como *«notablemente superior al normal del dinero».*

Además, el TS entiende que para que el préstamo pueda ser considerado usurario es necesario que, además de ser notablemente superior al normal del dinero, el interés estipulado sea manifiestamente desproporcionado con las circunstancias del caso.

CUESTIONES

1. ¿Qué requisitos se necesitan para que la operación crediticia pueda ser considerada usuraria?

Deberán darse los requisitos previstos en el *artículo 1 de la Ley de Usura*, esto es, «que se estipule un interés notablemente superior al normal del dinero y manifiestamente desproporcionado con las circunstancias del caso», sin que sea exigible que, acumuladamente, se exija «que ha sido aceptado por el prestatario a causa de su situación angustiosa, de su inexperiencia o de lo limitado de sus facultades mentales».

2. ¿Cómo se determinará cual es el «interés normal del dinero»?

Puede acudirse a las estadísticas que publica el Banco de España, tomando como base la información que mensualmente tiene que facilitarle las entidades de crédito sobre los tipos de interés que aplican a diversas modalidades de operaciones activas y pasivas. Asimismo, y como ya hemos apuntado anteriormente, no es correcto utilizar como término de comparación el interés legal del dinero.

Usura en las tarjetas *revolving:* análisis de la STS n.º 149/2020, de 4 de marzo

Una vez el Tribunal Supremo dicta doctrina en la **STS n.º 149/2020, de 4 de marzo, ECLI:ES:TS:2020:600,** determinando la posibilidad de **anular** un contrato de préstamo o de crédito en el que se estipule un **interés notablemente superior al normal del dinero y manifiestamente desproporcionado a las circunstancias del caso,** esta nueva sentencia, consolida lo estipulado en la **STS n.º 628/2015, de 25 de noviembre, ECLI:ES:TS:2015:4810.**

El Alto Tribunal desestima el recurso de casación interpuesto por Wizink Bank contra una sentencia que había declarado la nulidad de un contrato de crédito *revolving* mediante uso de tarjeta por considerar usurario el interés remuneratorio, fijado inicialmente en el 26,82 % TAE y que se había situado en el 27,24 % a la fecha de presentación de la demanda.

El Pleno de la Sala considera, en primer lugar, que la referencia del **interés normal del dinero** que ha de utilizarse para determinar si el interés remuneratorio es usurario debe ser el interés medio aplicable a la categoría a la que corresponda la operación cuestionada, en este caso el tipo medio aplicado a las operaciones de crédito mediante tarjetas de crédito y *revolving* publicado en las estadísticas oficiales del Banco de España.

En segundo lugar, en la determinación de cuándo el interés de un crédito *revolving* es usurario, la Sala tiene en cuenta que el tipo medio del que se parte para realizar la comparación, algo superior al 20 % anual, es ya muy elevado. Por tal razón, una diferencia tan apreciable como la que concurre en este caso, en el que el tipo de interés fijado en el contrato supera en gran medida el índice tomado como referencia, ha de considerarse como notablemente superior a dicho índice.

Han de tomarse además en consideración las circunstancias concurrentes en este tipo de operaciones de crédito, como son el público al que suelen ir destinadas, particulares que no pueden acceder a otros créditos menos gravosos, y las propias peculiaridades del crédito *revolving*, en que el límite del crédito se va recomponiendo constantemente, los intereses y comisiones devengados se capitalizan para devengar el interés remuneratorio y las cuantías de las cuotas no suelen ser muy elevadas, en comparación con la deuda pendiente, pero alargan muy considerablemente el tiempo durante el que el prestatario sigue pagando las cuotas, hasta el punto de que puede convertirle en un deudor «cautivo».

Por último, la Sala razona que **no puede justificarse la fijación de un interés notablemente superior al normal del dinero por el riesgo derivado**

del alto nivel de impagos anudado a operaciones de crédito concedidas de modo ágil, porque la concesión irresponsable de préstamos al consumo a tipos de interés muy superiores a los normales, que facilita el sobreendeudamiento de los consumidores, no puede ser objeto de protección por el ordenamiento jurídico.

Destacamos el fundamento de derecho quinto de la citada sentencia que se refiere a la **determinación de cuándo el interés de un crédito** *revolving* **es usurario por ser notablemente superior al normal del dinero y manifiestamente desproporcionado con las circunstancias del caso:**

«1.-Aunque al tener la demandante la condición de consumidora, el control de la estipulación que fija el interés remuneratorio puede realizarse también mediante los controles de incorporación y transparencia, propios del control de las condiciones generales en contratos celebrados con consumidores, en el caso objeto de este recurso, la demandante únicamente ejerció la acción de nulidad de la operación de crédito mediante tarjeta *revolving* por su carácter usurario.

2.-El extremo del art. 1 de la Ley de 23 julio 1908, de Represión de la Usura, que resulta relevante para la cuestión objeto de este recurso establece:

«Será nulo todo contrato de préstamo en que se estipule un interés notablemente superior al normal del dinero y manifiestamente desproporcionado con las circunstancias del caso [...]».

3.-A diferencia de otros países de nuestro entorno, donde el legislador ha intervenido fijando porcentajes o parámetros concretos para determinar a partir de qué tipo de interés debe considerarse que una operación de crédito tiene carácter usurario, en España la regulación de la usura se contiene en una ley que ha superado un siglo de vigencia y que utiliza conceptos claramente indeterminados como son los de interés

«notablemente superior al normal del dinero» y «manifiestamente desproporcionado con las circunstancias del caso». Esta indeterminación obliga a los tribunales a realizar una labor de ponderación en la que, una vez fijado el índice de referencia con el que ha de realizarse la comparación, han de tomarse en consideración diversos elementos.

4.-La sentencia del Juzgado de Primera Instancia consideró que, teniendo en cuenta que el interés medio de los créditos al consumo correspondientes a las tarjetas de crédito y *revolving* era algo superior al 20%, el interés aplicado por Wizink al crédito mediante tarjeta *revolving* concedido a la demandante, que era del 26,82% (que se había incrementado hasta un porcentaje superior en el momento de interposición de la demanda), había de considerarse usurario por ser notablemente superior al interés normal del dinero.

5.-En el caso objeto de nuestra anterior sentencia, la diferencia entre el índice tomado como referencia en concepto de «interés normal del dinero» y el tipo de interés remuneratorio del crédito *revolving* objeto de la demanda era mayor que la existente en la operación de crédito objeto de este recurso. Sin embargo, también en este caso ha de entenderse que el interés fijado en el contrato de crédito *revolving* es notablemente superior al normal del dinero y manifiestamente desproporcionado con las circunstancias del caso y, por tanto, usurario, por las razones que se exponen en los siguientes párrafos.

6.-El tipo medio del que, en calidad de «interés normal del dinero», se parte para realizar la comparación, algo superior al 20% anual, es ya muy elevado. Cuanto más elevado sea el índice a tomar como referencia en calidad de «interés normal del dinero», menos margen hay para incrementar el precio de la operación de crédito sin incurrir en usura. De no seguirse este criterio, se daría el absurdo de que para que una operación de crédito *revolving* pudiera ser considerada usuraria, por ser el interés notablemente superior al normal del dinero y desproporcionado con las circunstancias del caso, el interés tendría que acercarse al 50%.

7.-Por tal razón, una diferencia tan apreciable como la que concurre en este caso entre el índice tomado como referencia en calidad de «interés normal del dinero» y el tipo de interés fijado en el contrato, ha de considerarse como «notablemente superior» a ese tipo utilizado como índice de referencia, a los efectos que aquí son relevantes.

8.-Han de tomarse además en consideración otras circunstancias concurrentes en este tipo de operaciones de crédito, como son el público al que suelen ir destinadas, personas que por sus condiciones de solvencia y garantías disponibles no pueden acceder a otros créditos menos gravosos, y las propias peculiaridades del crédito *revolving*, en que el límite del crédito se va recomponiendo constantemente, las cuantías de las cuotas no suelen ser muy elevadas en comparación con la deuda pendiente y alargan muy considerablemente el tiempo durante el que el prestatario sigue pagando las cuotas con una elevada proporción correspondiente a intereses y poca amortización del capital, hasta el punto de que puede convertir al prestatario en un deudor «cautivo», y los intereses y comisiones devengados se capitalizan para devengar el interés remuneratorio.

9.-Como dijimos en nuestra anterior sentencia 628/2015, de 25 de noviembre, no puede justificarse la fijación de un interés notablemente superior al normal del dinero por el riesgo derivado del alto nivel de impagos anudado a operaciones de crédito al consumo concedidas de un modo ágil (en ocasiones, añadimos ahora, mediante técnicas de comercialización agresivas) y sin comprobar adecuadamente la capacidad de pago del prestatario, pues la concesión irresponsable de préstamos al consumo a tipos de interés muy superiores a los normales, que facilita el sobreendeudamiento de los consumidores, no puede ser objeto de protección por el ordenamiento jurídico. Por tanto, la justificación de esa importante diferencia entre el tipo medio aplicado a las tarjetas de crédito y *revolving* no puede fundarse en esta circunstancia.

10.-Todo ello supone que una elevación porcentual respecto del tipo de interés medio tomado como «interés normal del dinero» de las proporciones concurrentes en este supuesto, siendo ya tan elevado el tipo medio de las operaciones de crédito de la misma naturaleza, determine el carácter usurario de la operación de crédito».

«Interés normal de dinero»: análisis de la STS n.º 367/2022, de 4 de mayo

En el litigio resuelto por el **Tribunal Supremo en su sentencia n.º 367/2022, de 4 de mayo, ECLI:ES:TS:2022:1763**, se discute si el contrato de la tarjeta *revolving* suscrito entre las partes es usurario.

La cuestión que se plantea en este caso consiste en **determinar cuál debe ser el término comparativo que ha de utilizarse como indicativo del «interés normal del dinero»** en el caso de las tarjetas *revolving* y el TS en este caso sigue la doctrina, de la STS n.º 149/2020, de 4 de marzo, analizada en el punto anterior.

CUESTIÓN

¿Cómo se determinará la referencia que ha de utilizarse como «interés normal del dinero» para realizar la comparación con el interés y decidir si el contrato es usurario?

De acuerdo con la *sentencia del Tribunal Supremo n.º 367/2022, de 4 de mayo, ECLI:ES:TS:2022:1763*, debe utilizarse el tipo medio de interés, en el momento de celebración del contrato, correspondiente a la categoría a la que corresponda la operación crediticia cuestionada. Y que, si existen categorías más específicas dentro de otras más amplias (como sucede con la de tarjetas de crédito y revolving, dentro de la categoría más amplia de operaciones de crédito al consumo), deberá utilizarse esa categoría más específica, con la que la operación crediticia cuestionada presenta más coincidencias (duración del crédito, importe, finalidad, medios a través de los cuáles el deudor puede disponer del crédito, garantías, facilidad de reclamación en caso de impago, etc.), pues esos rasgos comunes son determinantes del precio del crédito, esto es, de la TAE del interés remuneratorio.

Por tanto, de acuerdo con la sentencia de referencia, nuestro Alto Tribunal declara que el índice que debe ser tomado como referencia es el tipo medio aplicado a las operaciones de crédito mediante tarjetas de crédito y *revolving.*

Así, en la determinación de **cuándo el interés de un crédito *revolving* es usurario**, el TS tiene en cuenta que el tipo medio del que se parte para realizar la comparación, algo superior al 20 % anual, es ya muy elevado. Por tal razón, una diferencia tan apreciable como la que concurre en este caso, en el que el tipo de interés fijado en el contrato supera en gran medida el índice tomado como referencia, ha de considerarse como notablemente superior a dicho índice.

Han de tomarse además en consideración las circunstancias concurrentes en este tipo de operaciones de crédito, como son el público al que suelen ir destinadas, particulares que no pueden acceder a otros créditos menos gravosos, y las propias peculiaridades del crédito *revolving*, en que el límite del crédito se va recomponiendo constantemente, los intereses y comisiones devengados se capitalizan para devengar el interés remuneratorio y las cuantías de las cuotas no suelen ser muy elevadas, en comparación con la deuda pendiente, pero alargan muy considerablemente el tiempo durante el que el prestatario sigue pagando las cuotas, hasta el punto de que puede convertirle en un deudor «cautivo».

La Sala razona que **no puede justificarse la fijación de un interés notablemente superior al normal del dinero por el riesgo derivado del alto nivel de impagos** anudado a operaciones de crédito concedidas de modo ágil, porque la concesión irresponsable de préstamos al consumo a tipos de interés muy superiores a los normales, que facilita el sobreendeudamiento de los consumidores, no puede ser objeto de protección por el ordenamiento jurídico.

Por todo ello, la Sala concluye:

«6.- Los hechos fijados en la instancia, que deben ser respetados en el recurso de casación, consisten en que los datos obtenidos de la base de datos del Banco de España revelan que, en las fechas próximas a la suscripción del contrato de tarjeta revolving, la TAE aplicada por las entidades bancarias a las operaciones de tarjeta de crédito con pago aplazado era frecuentemente superior al 20% y que también era habitual que las tarjetas revolving contratadas con grandes entidades bancarias superasen el 23%, 24%, 25% y hasta el 26% anual.

7.- Dado que la TAE de la tarjeta revolving contratada por la recurrente es, según declara la sentencia recurrida, del 24,5% anual, la Audiencia Provincial, al declarar que el interés remuneratorio no era "notablemente superior al normal del dinero y manifiestamente desproporcionado con las circunstancias del caso" y que, por tal razón, el contrato de tarjeta revolving objeto del litigio no era usurario, no ha vulnerado los preceptos legales invocados, ni la jurisprudencia de esta sala que los interpreta, dado que el tipo de interés de la tarjeta estaba muy próximo al tipo medio de las operaciones con las que más específicamente comparte características».

Por último, cabe señalar que esta sentencia, en su momento, despertó bastante confusión, tanto en prensa como en redes sociales, lo que llevo al Alto Tribunal a tener que **emitir una nota aclaratoria para explicar el contenido real** de la misma, pues la misma no había supuesto ninguna modificación no matización de la doctrina jurisprudencial sobre las tarjetas *revolving,* ya que esta sentencia únicamente reitera la doctrina sentada por la STS n.° 149/2020, de 4 de marzo, que establece que para determinar la referencia que ha de utilizarse como interés normal del dinero al realizar la comparación con el interés cuestionado en el litigio y decidir si el contrato es usurario, debe utilizarse el tipo medio de interés correspondiente a la categoría a la que corresponda la operación crediticia cuestionada.

Por lo que, **si existen categorías más específicas dentro de otras más amplias, deberá utilizarse la categoría más específica.**

Concluyendo:

«En definitiva, si la Audiencia considera acreditado, en función de las pruebas practicadas en ese concreto procedimiento, cuál es el término de comparación (y en este caso había declarado probado que oscilaba entre el 23% y el 26%), el Tribunal Supremo no puede revisar este pronunciamiento, salvo que el prestatario justifique, a través del recurso extraordinario por infracción procesal, el error patente en la valoración de la prueba. Como en este caso el prestatario no discutió este extremo, sino que se limitó a pedir que el término de comparación fuera el general de los créditos al consumo, el recurso es desestimado. Ello no implica, en modo alguno, rectificación ni matización de la doctrina jurisprudencial citada, que debe aplicarse en función de los hechos que resulten probados en cada caso».

JURISPRUDENCIA

Sentencia del Tribunal Supremo n.º 697/2024, de 20 de mayo, ECLI:ES:TS:2024:2536

«Resulta de aplicación la jurisprudencia de esta sala sobre el carácter usurario de una operación de crédito, contenida en las sentencias 628/2015, de 25 de noviembre, y 149/2020, de 4 de marzo, que ha sido reiterada por las sentencias de pleno 257/2023 y 258/2023, de 15 de febrero.

De acuerdo con esta jurisprudencia, para que la operación crediticia pueda ser considerada usuraria, basta con que se den los requisitos previstos en el primer inciso del art. 1 de la Ley de Represión de la Usura, esto es, "que se estipule un interés notablemente superior al normal del dinero y manifiestamente desproporcionado con las circunstancias del caso", sin que sea exigible que, acumuladamente, se exija "que ha sido aceptado por el prestatario a causa de su situación angustiosa, de su inexperiencia o de lo limitado de sus facultades mentales".

Para valorar si el interés estipulado es notablemente superior al normal del dinero se ha de atender a lo siguiente: por una parte, el interés convenido no es tanto al interés nominal, como la tasa anual equivalente (TAE); y, por otra, para establecer el otro punto de comparación, "interés normal", ha de estarse a la información reflejada en las estadísticas que publica el Banco de España, tomando como base la información que mensualmente tienen que facilitarle las entidades de crédito sobre los tipos de interés que aplican a diversas modalidades de operaciones activas y pasivas».

Reiteración de doctrina: análisis de la STS n.º 643/2022, de 4 de octubre

A través de la **STS n.º 643/2022, de 4 de octubre, ECLI:ES:TS:2022:3503**, se reitera doctrina constituida, fundamentalmente, por las sentencias anteriormente analizadas, n.º 628/2015, de 25 de noviembre, y 149/2020, de 4 de marzo.

En el presente caso, y según la documentación obrante, el TAE era del 20 %. Si bien, en el año 2001 no se publicaba todavía por el Banco de España el tipo medio de las operaciones *revolving*, el tipo medio de productos similares era superior a la citada cifra.

Por lo que, el TS entiende que los porcentajes a los que se refiere el recurso de casación no son correctos. Pero ¿por qué? Estos porcentajes se refieren a créditos al consumo, y lo más adecuado es tomar en consideración otros productos más similares a los créditos *revolving*, como son las tarjetas recargables o de las de pago aplazado, y que en la fecha de celebración del contrato tenían un interés medio del 24,5 % anual y en la década 1999/2009, osciló entre el 23 % y 26 %, en todo caso siempre en un rango superior al interés pactado en el caso litigioso.

Y, por todo ello, nuestro Alto Tribunal concluye en este caso:

«Por ello, tenemos que llegar a la misma conclusión que en la sentencia 367/2022, de 4 de mayo, y **no considerar usurario el interés pactado en este caso; y desestimar el recurso de casación,** al no apreciarse ni infracción del art. 1 de la Ley de Usura, ni de la jurisprudencia que lo interpreta».

Concepto «interés notablemente superior al normal del dinero»: análisis de la STS n.º 257/2023, de 15 de febrero

En lo que se refiere al caso contemplado en la referida sentencia que, debemos tener en cuenta que la misma no versa sobre tarjetas *revolving* si no que, el objeto de la controversia quedó centrado a determinar si los préstamos cuestionados son nulos por ser usuario el interés remuneratorio pactado del 14 % anual fijo para toda la duración del contrato.

Las circunstancias relevantes eran la siguiente:

– Ambos **contratantes eran personas físicas** que actuaron como particulares en un ámbito ajeno a su actividad empresarial o profesional.

– El **destino del préstamo** era financiar la adquisición de un vehículo por el entonces novio de la demandante.

– El **plazo** de amortización pactado fue de 10 años.

– El **tipo de interés** de demora se fijó en el 25 % anual.

– La **finca hipotecada en garantía** de ambos préstamos estaba gravada con otra hipoteca previa a favor de una entidad financiera.

– Los **préstamos se concertaron en mayo y diciembre de 2009.**

– **No consta pacto de capitalización de intereses, comisiones** a cargo de la prestataria ni cláusulas penales, tampoco constaban pactos de pago anticipado de los intereses, ni retención de sumas para el pago de gastos o deudas distintas del prestamista o de terceros.

> **CUESTIÓN**
>
> **El artículo 1 de la Ley de Usura, ¿es aplicable a préstamos de carácter mercantil?**
>
> La jurisprudencia mayoritaria viene admitiendo que la sanción de nulidad de los préstamos usurarios del artículo 1 de la Ley de usura sea aplicable tanto a préstamos de carácter civil como mercantil, ya que el citado artículo no establece distinción o exclusión de ningún tipo, sin perjuicio de la aplicación de criterios más estrictos para el caso de préstamos de carácter mercantil.

Con respecto al criterio jurisprudencial sobre la determinación del concepto de interés notablemente superior al normal del dinero el Tribunal Supremo señala en la sentencia de referencia:

«En España, a diferencia de otros países de nuestro entorno, el legislador no ha fijado porcentajes o parámetros concretos para determinar a partir de qué tipo de interés debe considerarse que una operación de crédito tiene carácter usurario, sino que ha establecido una regulación basada en conceptos claramente indeterminados como son los de interés "notablemente superior al normal del dinero" y "manifiestamente desproporcionado con las circunstancias del caso"».

Por lo que, y como ya ha establecido el Alto Tribunal en la ya analizada sentencia n.º 149/2020, de 4 de marzo, la indeterminación de los conceptos jurídicos de interés notablemente superior al normal del dinero y manifiestamente desproporcionado con las circunstancias del caso obliga a los tribunales a realizar una labor de ponderación en la que, una vez fijado el índice de referencia con el que ha de realizarse la comparación, ha de tomarse en consideración diversos elementos, en palabras del Tribunal Supremo:

> «Elementos o circunstancias que pueden ser **tanto intrínsecos** del propio préstamo o crédito **como extrínsecos o contextuales**».

Así, la ponderación o valoración de las circunstancias propias de la operación crediticia, a los efectos del enjuiciamiento de su eventual carácter usurario, debe ser unitaria y sistemática.

CUESTIONES

1. ¿Cuáles son las circunstancias intrínsecas o propias del contrato?

La notable desproporción del interés de demora, el cobro anticipado de los intereses ordinarios antes de su vencimiento, el escaso plazo de amortización, la existencia o no de garantías, entre otros.

2. Y ¿las circunstancias extrínsecas?

Deben destacarse especialmente el riesgo de la operación y su destino. Así, el TS señala en su sentencia n.º 257/2023, de 15 de febrero:

«el riesgo está directamente relacionado, en relación inversa, con la solvencia del deudor y con las garantías reales o personales que haya aportado y, a su vez, puede estar condicionado por el destino del préstamo. Cuanto mayor es el riesgo, mayor es también la tasa de interés, y a la inversa. Por ello, cuanto mayor es la solvencia del deudor y más sólidas las garantías reales o personales que aporte, menor será el tipo de interés».

En cuanto al riesgo que se ha de tener en cuenta, no es el riesgo que desconoce el prestamista porque ha incumplido los deberes de diligencia en relación con la comprobación de la solvencia del deudor y por ello la ya analizada STS n.º 628/2015, de 25 de noviembre, declaró que no puede justificarse la fijación de un interés notablemente superior al normal del dinero por el riesgo derivado del alto nivel de impagos anudado a operaciones de crédito al consumo concedidas sin comprobar adecuadamente la capacidad de pago del prestatario, pues, *«(...)* **la concesión irresponsable de préstamos al consumo a tipos de interés muy superiores a los normales, que facilita el sobreendeudamiento de los consumidores, no puede ser objeto de protección por el ordenamiento jurídico»**.

«Interés normal del mercado»: análisis de la STS n.º 258/2023, de 15 de febrero

En el caso enjuiciado en la mencionada **sentencia del Tribunal Supremo n.º 258/2023, de 15 de febrero, ECLI:ES:TS:2023:442**, el problema surge a la hora de determinar el interés normal de mercado referido a los contratos de tarjeta *revolving,* concretamente en el año 2004, cuando no existían estadísticas desglosadas del Banco de España, porque fue a partir de junio de 2010 que se desglosó en la estadística la información referida al crédito *revolving*.

Así, el TS declara que, a falta de un desglose específico en los boletines estadísticos del Banco de España, no cabe acudir, al índice correspondiente a los créditos al consumo, sino que, es más adecuado tomar en consideración otros productos más similares a los créditos *revolving*.

Por lo tanto:

> «Con carácter general para el enjuiciamiento de estos casos de tarjetas de crédito contratadas en la primera década de este siglo, **ha de acudirse a la información específica más próxima en el tiempo**. Esta es la que se ofreció en 2010. Según el boletín estadístico el tipo medio TEDR ese año estaba en el 19,32. Lógicamente, la TAE, al agregar las comisiones, sería ligeramente superior (entre 20 y 30 centésimas, en los niveles de interés que nos movemos). Por lo que podemos partir de forma orientativa del índice de 2010 (19,32), con la corrección oportuna para adecuarlo a la TAE».

Por lo tanto, una vez determinado el TAE al tiempo de celebración del contrato, en este caso concreto en el año 2004, habrá que valorar el margen admisible por encima del tipo medio de referencia, es decir, *«en* **cuántos puntos porcentuales o en qué porcentaje puede superarlo el tipo TAE contractual para que no se considere un interés notablemente superior al normal del dinero»**.

Si bien, en España no se establece ninguna norma al respecto, el **artículo 1 de la Ley de Usura**, al acudir a una fórmula amplia, emplea un adverbio para caracterizar ese exceso respecto del interés común del mercado, **notablemente**, que exige una apreciación en cada caso.

Un criterio así de abierto exigiría, por tanto, un juicio o valoración para cada caso, acorde con la búsqueda de la justicia del caso concreto.

En conclusión, y a falta de un criterio legal sobre el margen superior aceptable para no incurrir en usura, y ante las exigencias de predictibilidad en un contexto de litigación en masa, el TS establece y fija la siguiente doctrina:

> «(...) consideramos más adecuado seguir el criterio de que la diferencia entre el tipo medio de mercado y el convenido sea superior a 6 puntos porcentuales».

En el asunto tratado en la referida sentencia, y de acuerdo con el anterior criterio, el tipo medio a tiempo de la contratación sería ligeramente inferior al 20 %, el interés pactado, el 23,9 % TAE que no supera los 6 puntos, por lo que no se podrá considerar notablemente superior al tipo medio.

Otra novedad que trae consigo el Tribunal Supremo en su sentencia n.º 258/2023, de 15 de febrero, es cuál es en realidad el índice analizado por el Banco de España en sus boletines estadístico, y advierte que **no es la TAE, sino el TEDR** (tipo efectivo de definición restringida).

Pero ¿qué es el TEDR? en palabras del Alto Tribunal, *«(...) equivale a la* **TAE sin comisiones»**, por lo que, si a ese TEDR se le añadieran las comisiones, el tipo sería ligeramente superior, y la diferencia con la TAE también ligeramente menor, con el consiguiente efecto respecto de la posibilidad de apreciar la usura.

En este sentido el Tribunal Supremo señala:

> «De tal forma que, en los contratos posteriores a junio de 2010, se puede seguir acudiendo al boletín estadístico del Banco de España, y al mismo tiempo permitir que el índice publicado se complemente con lo que correspondería a la vista de las comisiones generalmente aplicadas por las entidades financieras. En realidad, en estos últimos años, aunque la TEDR haya sido inferior a la TAE por no contener las comisiones, a los efectos del enjuiciamiento que hay que hacer (si la TAE es notablemente superior al interés [TAE] común en el mercado), ordinariamente no será muy determinante, en atención a que la usura requiere no sólo que el interés pactado sea superior al común del mercado, sino que lo sea "notablemente". El empleo de este adverbio en la comparación minimiza en la mayoría de los casos la relevancia de la diferencia entre la TEDR y la TAE».

Las SSTS n.º 154/2025 y 155/2025, de 31 de enero, por las que se fijen los criterios para declarar abusiva la cláusula que fija el interés remuneratorio en tarjetas *revolving*

En enero de 2025 la Sala de lo Civil del Tribunal Supremo dictaba dos importantes —y con gran carácter didáctico—sentencias acerca de la falta de transparencia y abusividad de las cláusulas que establecen el interés remuneratorio, evaluadas conjuntamente con las que establecen el sistema de amortización *revolving*. La **sentencia n.º 154/2025, de 31 de enero, ECLI:ES:TS:2025:242** y la **sentencia n.º 155/2025, de 31 de enero, ECLI:ES:TS:2025:241**.

A TENER EN CUENTA. Para la siguiente explicación tomamos como referencia la STS n.º 154/2025, pero ambas resoluciones resuelven de idéntica manera.

La cuestión resuelta por el Tribunal Supremo en estas sentencias, como cuestión central de ambos litigios, es si la cláusula que establece el tipo porcentual del interés remuneratorio (TAE 21,84%), considerada conjuntamente con las cláusulas que regulan el sistema de amortización al que va ligado esa TAE, es transparente en el sentido de los arts. 4.2 y 5 de la Directiva 93/13/CEE del Consejo, de 5 de abril de 1993, sobre las cláusulas abusivas en los contratos celebrados con consumidores y, caso de no serlo, si es abusiva. Para ello, el Alto Tribunal elabora su fallo a través de 5 puntos altamente motivados.

El primer punto hace referencia a la **transparencia de las cláusulas no negociadas en los contratos celebrados con consumidores**. Menciona al TJUE que ha señalado a lo largo de su jurisprudencia que, la **exigencia de transparencia de las cláusulas no negociadas en contratos celebrados con consumidores** que resulta de los arts. 4.2 y 5 de la Directiva 93/13/CEE **no puede reducirse solo al carácter comprensible de estas en un plano formal y gramatical**, sino que, por el contrario, toda vez que **el sistema de protección establecido por dicha Directiva se basa en la idea de que el consumidor se halla en situación de inferioridad respecto al profesional** en lo referido, en particular, al nivel de información, esa exigencia de redacción clara y comprensible de las cláusulas contractuales, y por tanto de transparencia, debe entenderse de manera extensiva.

Esa exigencia de transparencia implica que la cláusula deba estar redactada de una manera clara y comprensible junto con la obligación de que el contrato exponga de manera transparente el funcionamiento concreto del mecanismo al que se refiere la cláusula de que se trate, de manera que el **consumidor** de que se trate **esté en condiciones de valorar**, basándose en criterios precisos e inteligibles, las **consecuencias económicas que se deriven para él**. Y todo ello conlleva a la obligación de los profesionales de proporcionar información clara a los consumidores antes de la celebración del contrato, «(...) el TJUE ha declarado que reviste una importancia fundamental para el consumidor disponer, antes de la celebración de un contrato, de información sobre las condiciones contractuales y las consecuencias de dicha celebración. El consumidor decide si desea quedar vinculado por las condiciones redactadas de antemano por el profesional basándose principalmente en esa información».

Hace mención el TS de la doctrina contenida —entre otras— en la **STJUE asunto C-92/11, de 21 de marzo de 2013, ECLI:EU:C:2013:180**, de la que «se desprende que al tener en cuenta el conjunto de circunstancias que rodearon la celebración del contrato, es necesario verificar que se comunicaron al consumidor todos los elementos que pueden incidir en el alcance de su compromiso, que se expusieron de manera transparente los motivos y las particularidades de la estipulación contractual, así como la relación entre dicha cláusula y otras cláusulas relativas a la retribución del prestamista, de forma que un consumidor informado pueda prever, sobre la base de criterios precisos y comprensibles, las consecuencias económicas que para él se derivan y le permitan evaluar, en particular, el coste total de su préstamo, permitiéndole evaluar las consecuencias financieras de este».

El segundo punto del que parte el Supremo para llegar a su conclusión hace referencia a la **aplicación de los criterios anteriores al caso concreto de las cláusulas en las tarjetas** *revolving*. En primer lugar, explica qué se entiende por crédito *revolving* haciendo especial hincapié a la gran cantidad de intereses que genera, «un crédito al consumo con interés, de duración indefinida o de duración definida prorrogable de forma automática, concedido a personas físicas, en el que el crédito dispuesto no se satisface en su totalidad al final del período de liquidación pactado. El consumidor puede disponer hasta el límite del crédito concedido sin tener que pagar la totalidad de lo dispuesto en un plazo determinado, sino que reembolsa el crédito dispuesto de forma aplazada sin una duración determinada, mediante el pago de cuotas periódicas cuyo importe puede consistir en una cantidad fija o en un porcentaje de la cantidad dispuesta, siendo habitual que la entidad financiera fije, por defecto, una cantidad o un porcentaje bajo, lo que alarga significativamente el plazo de amortización y supone la generación de una gran cantidad de intereses al amortizarse poco capital en cada cuota».

Tras esto, pasa a hacer mención de la STS n.º 149/2020, en la que ya se aludía a los riesgos presentes en este tipo de créditos y quiénes suelen ser las personas que hacen uso de ellos, personas que acaban convirtiéndose en «deudores cautivos»:

> «(...) personas que por sus condiciones de solvencia y garantías disponibles no pueden acceder a otros créditos menos gravosos, y las propias peculiaridades del crédito *revolving*, en que el límite del crédito se va recomponiendo constantemente, las cuantías de las cuotas no suelen ser muy elevadas en comparación con la deuda pendiente y alargan muy considerablemente el tiempo durante el que el prestatario sigue pagando las cuotas con una elevada proporción correspondiente a intereses y poca amortización del capital, hasta el punto de que puede convertir al prestatario en un deudor "cautivo", y los intereses y comisiones devengados se capitalizan para devengar el interés remuneratorio».

Junto con la figura del deudor cautivo surge el denominado «efecto bola de nieve» como el riesgo de encadenarse a una deuda indefinida, que nunca se termina de pagar, calificado así por el Banco de España al aludir a las consecuencias financieras que puede tener esta peculiaridad del crédito *revolving*.

Explica el TS que estas consecuencias negativas para el consumidor se pueden producir por la unión de diferentes factores: «el carácter indefinido o prorrogable automáticamente del crédito; el límite del crédito se va recomponiendo constantemente; el elevado tipo de interés; la escasa cuantía de las cuotas, bien porque han sido establecidas por defecto en el contrato, bien porque han sido elegidas por el consumidor por el atractivo de ser asumibles en el corto plazo pero que van acrecentando un problema que se hará cada vez más serio a largo plazo pues suponen que se amortice muy poco capital; y, en su caso, el anatocismo en caso de impago de alguna cuota, comisión o indemnización de modo que el interés de demora se calcula sobre la totalidad de la cantidad adeudada, incluyendo capital, intereses, indemnizaciones y comisiones». Por todo ello, llega a la conclusión que es necesario que el consumidor una información sobre estas características y estos riesgos, con un contenido y presentación adecuada y en el momento oportuno.

Este momento oportuno conforma el tercer punto sobre el que el Tribunal Supremo va componiendo su fallo. ¿En qué momento debe facilitarse la información al consumidor? Para responder a esta pregunta la sentencia vuelve a hacer mención de la doctrina del TJUE que destaca la importancia de hacerlo antes de celebrar el contrato, junto con la propia normativa nacional que también establece dicha obligación.

En el caso del que trae causa esta sentencia, la información consistente en el clausulado del contrato y en la ficha con el formato de la Información Normalizada Europea no se entregó con antelación a la suscripción del contrato. El contrato se suscribió electrónicamente y la fecha que aparece en el contrato y en la ficha INE es la misma de la primera utilización de la tarjeta. *«El* **hecho de que la tarjeta pueda comenzar a utilizarse con posterioridad a la celebración del contrato** *y no necesariamente en el momento de la suscripción del contrato,* **no exime al profesional de facilitar esa información con antelación suficiente a la celebración del contrato pues, una vez celebrado este, el consumidor puede hacer uso inmediato del crédito facilitado y su-**

frir las consecuencias derivadas de los riesgos *del sistema revolving a que hemos hecho referencia, antes de haber analizado la información»*.

Unido con el momento de la información está el **contenido de esta información** (cuarto punto del fallo del Supremo), contenido que debe cumplir con las exigencias establecidas en la normativa nacional y las derivadas de la interpretación del TJUE sobre la Directiva 93/13/CEE.

Debe informarse de la relación entre la elevada TAE, el mecanismo de recomposición del capital y las demás cláusulas con trascendencia en la creación de los riesgos descritos, de manera que el consumidor esté en condiciones de valorar, basándose en criterios precisos e inteligibles, las consecuencias económicas que se deriven para él.

Y pone el foco en el **anatocismo**, en concreto en sus **efectos gravosos**, estableciendo que, aunque es una previsión contractual lícita, tiene un carácter excepcional y con efectos *«significativamente gravosos para el consumidor, que requiere, por tanto, información clara al consumidor y que la redacción de la cláusula sea inteligible para el consumidor medio, como requisito para que pueda ser considerada transparente»*.

Para el Supremo esa información debe hacer que el consumidor medio pueda comprender el producto ofertado, tener conciencia de los riesgos que se derivan del plazo indefinido o prorrogable automáticamente, el elevado tipo de interés, la recomposición constante del crédito, la escasa amortización del capital en el caso de cuotas bajas, y el anatocismo; y, asimismo debe permitirle comparar las diversas ofertas, *«porque la diferencia de la modalidad revolving con la modalidad de pago aplazado a fin de mes, sin intereses, puede ser fácil de comprender,* pero **no lo es tanto la diferencia entre la modalidad de pago aplazado***, que es en realidad un préstamo al consumo, parecido a la compra a plazos, y la modalidad revolving»*.

Considera que no es suficiente que la información contenga el TAE, y deja claro qué debe indicar la información que se facilite al consumidor:

> *«el* **sistema de amortización es del tipo** *revolving;* debe establecer **cuál es la cuota mensual** (bien en una cantidad determinada, bien en un porcentaje de la cantidad dispuesta); debe establecer **cuál es la duración del contrato**; debe **indicar si, y en qué casos, el interés se devengará no solo respecto del capital dispuesto sino también respecto del total de la cantidad adeudada** (incluyendo intereses, comisiones e indemnizaciones devengadas); y deberá **contener unos ejemplos adecuados tanto para comprender los riesgos del sistema como para permitir la comparación con otras modalidades de amortización o con las ofertas de otras entidades financieras**. Es preciso que la información incida sobre la **forma en que esa elevada TAE opera en la propia economía del contrato**, dada las particularidades del sistema de amortización y las demás cláusulas a que se ha hecho referencia. Y debe hacerlo de **modo claro y comprensible, no de una forma dispersa a lo largo de un extenso documento y en términos poco expresivos de los riesgos del sistema de amortización** *revolving*, (...)».

Se centra el Alto Tribunal en hacer ver que el **sistema de amortización** *revolving* **no es simplemente un sistema como el de pago aplazado**, que puede considerarse un simple préstamo al consumo que se va amortizando en cuotas periódicas durante un periodo determinado. No se trata solo de que el mayor aplazamiento generará mayores intereses, conocimiento que alcanza al consumidor medio; o que, por su propia naturaleza, no pueda fijarse ex ante el coste total del crédito ni establecer un cuadro de amortización. La **duración indefinida o prorrogable del contrato de crédito** *revolving* **resulta relevante y ha de ser puesta en relación con el mecanismo de reconstitución de la deuda**, especialmente si el contrato contempla la capitalización de los intereses y/o una cuota mínima por defecto de cuya incidencia en el coste del crédito es necesario advertir con suficiente claridad.

De esta forma llega a la conclusión de **declarar la falta de transparencia** de las cláusulas contenidas en el contrato de tarjeta *revolving* al determinar que, **con la información contenida** en el contrato y en la ficha INE entregada —a la demandante—, un consumidor medio, normalmente informado, razonablemente atento y perspicaz, **no es capaz de tomar conciencia de la naturaleza y consecuencias del mecanismo de amortización** *revolving*, los elevados costes que pueden suponerle y los riesgos de terminar siendo un «deudor cautivo» que tal sistema puede implicar.

Una vez el Supremo ha determinado que la cláusula relativa al interés del crédito, considerada conjuntamente con el resto de las cláusulas del contrato y, más concretamente, las relativas al sistema de amortización *revolving*, no es trasparente, **es necesario valorar si es abusiva** (quinto punto para fundamentar su fallo). Y es que, como ya se ha recalcado en otras sentencias, esta falta de transparencia no implica que automáticamente esa cláusula sea abusiva. Sin embargo, en este caso, el Alto Tribunal, tomando en consideración lo declarado por la Sala en los supuestos de cláusulas suelo o de préstamos en divisas, dispone:

> «(...) en el caso de las tarjetas *revolving*, la falta de transparencia de la cláusula relativa a la TAE, valorada junto con las cláusulas relativas al sistema de amortización, el anatocismo y la escasa cuota mensual, no es inocua para el consumidor, sino que provoca un grave desequilibrio, en contra de las exigencias de la buena fe, puesto que, al ignorar los riesgos significativos que entraña dicho sistema de amortización, no puede comparar la oferta con las de otros sistemas de amortización y se compromete en un contrato que puede tener para él graves consecuencias pues puede terminar siendo lo que hemos venido en llamar un "deudor cautivo" y el Banco de España denomina "efecto bola de nieve"».

Para finalizar, y confirmando la **abusividad de la cláusula que fija el interés remuneratorio** en el contrato objeto de este litigio, el Supremo hace mención de la práctica habitual (carente en ocasiones de «buena fe») de comercializar estas tarjetas fuera de establecimientos financieros (ya sean centros comerciales, por ejemplo) incitando a la contratación «en los términos más proclives a acentuar tales riesgos, como resulta de su comercialización fuera de establecimientos financieros (en las estaciones de tren, autobús, aeropuerto o centros comerciales tales como hipermercados, grandes superficies de electrodomésticos y electrónica, etc.), con denominaciones que ocultan esos riesgos e incitan a su contratación ("cuota fácil" en este caso), con previsiones contractuales en las que, por defecto, se contrata el sistema *revolving* y/o las cuotas de escasa cuantía que incrementan el pago de intereses y prolongan el plazo de amortización».

La STS n.º 350/2025, de 5 de marzo, por la que se fija el plazo de reclamación de las cantidades pagadas indebidamente en tarjetas *revolving*

En marzo de 2025 el Tribunal Supremo dicta otra sentencia de gran relevancia en el ámbito de las *revolving*. La **sentencia n.º 350/2025, de 5 de marzo, ECLI:ES:TS:2025:836**, fija el plazo para ejercitar la acción de reclamación por las cantidades pagadas de forma indebida por los usuarios de tarjetas *revolving*.

A través de esta nueva resolución nuestro Alto Tribunal llega a la conclusión de que la **acción de restitución de las cantidades pagadas en exceso sobre el capital dispuesto en un contrato de tarjeta revolving está sujeta a un plazo de prescripción de 5 años, ampliado en 82 días debido a la suspensión de plazos establecida en el Real Decreto 463/2020, de 14 de marzo.**

La cuestión controvertida en el recurso de casación resuelto por la Sala de lo Civil se centra en determinar si la acción de restitución de las cantidades pagadas en exceso sobre el capital entregado en un préstamo o crédito usurario está sujeta a prescripción y, en caso afirmativo, cuál es el *dies a quo* (fecha inicial) del plazo de prescripción.

La sentencia de primera instancia estimó en parte la acción principal ejercitada por el recurrente, declarando la nulidad del contrato de crédito *revolving* por ser usurario, pero desestimó la acción de restitución de las cantidades pagadas en exceso por estar prescrita. El demandante apeló la sentencia exclusivamente para que se estimara la acción de restitución de las cantidades pagadas en exceso. La sentencia de segunda instancia desestimó el recurso de apelación, argumentando que la acción de restitución está sujeta a un plazo de prescripción.

El recurso de casación se fundamenta en la infracción del artículo 3 de la Ley de 23 de julio de 1908 sobre nulidad de los contratos de préstamos usurarios (LRU). El recurrente sostiene que la nulidad del préstamo usurario es radical y absoluta, y que el prestatario tiene derecho a obtener la restitución de lo pagado en exceso sobre el capital prestado, sin que dicha acción esté sujeta a prescripción extintiva. Por su parte, la recurrida se opuso al recurso de casación, solicitando la confirmación de la sentencia recurrida, argumentando que la acción de restitución está sometida al plazo general de prescripción de las acciones personales de 5 años, según el artículo 1964 del Código Civil, apartado 2.

La decisión de la Sala de lo Civil del Tribunal Supremo se centra (como ya hemos expuesto) en determinar el **carácter prescriptible de la acción de res-**

titución de las cantidades que excedan del capital recibido en un préstamo o crédito usurario. Para ello el Alto Tribunal hace mención de las *«escasas ocasiones en que se ha planteado en casación la cuestión de la prescripción de la acción de restitución de lo entregado en aplicación del contrato cuya nulidad absoluta se postula»*, y en las que la Sala ha distinguido entre la acción por la que se solicita la nulidad del contrato, que no caduca ni prescribe en el caso de tratarse de una nulidad absoluta, y la acción de restitución de las cosas y el precio entregados recíprocamente por las partes al ejecutar el contrato nulo, que es una acción de naturaleza personal sometida al plazo de prescripción previsto en el art. 1964 del Código Civil, que antes de octubre de 2015 era de 15 años y en la actualidad es de 5 años. Y hace mención de diferentes sentencias publicadas a lo largo de los años, tales como:

- Las sentencias de 27 de febrero de 1964 y n.º 747/2010, de 30 de diciembre, ECLI:ES:TS:2010:7666, en las que se distingue entre la acción de declaración de nulidad absoluta del contrato, que es imprescriptible, y la acción de restitución de las prestaciones realizadas en ejecución del contrato nulo, que está sometida al régimen de prescripción de las acciones personales.

- La sentencia n.º 260/2023, de 15 de febrero, ECLI:ES:TS:2023:1192, en la que se aplicó esta doctrina a la nulidad de cláusulas abusivas y la restitución de lo pagado por el consumidor con base en tales cláusulas, y se declaró_

    «No se trata de una pretensión mero declarativa, sino que el pronunciamiento judicial declarativo de la nulidad va encaminado a constituir el soporte jurídico del efecto legal asociado a esa declaración, esto es, la restitución de las prestaciones».

- La sentencia n.º 10/2024, de 30 de enero, ECLI:ES:TS:2024:367, también con relación a la nulidad de cláusulas abusivas, y en la que se estableció:

    «Las acciones por nulidad absoluta (Sentencias 268/2020 de 9 de junio y 85/2020 de 6 de febrero, entre otras muchas), no prescriben, recordando en la sentencia 260/2023 de 15 de febrero, que en este caso se encuentra la nulidad por abusiva de condición general por falta de transparencia, que es la situación concurrente en este caso, y aunque, como establecimos en la última de las sentencias citadas, cabe distinguir entre la acción de nulidad y de restitución, en ella también establecimos, respecto de la última, que estamos ante «una acción de naturaleza personal sometida al plazo de prescripción previsto en el art. 1964 del Código Civil, que antes de octubre de 2015 era de 15 años y en la actualidad es de 5 años (sentencias de 27 de febrero de 1964, 747/2010, de 30 de diciembre, y auto de 22 de julio de 2021 -rec. núm. 1799/2020-)».

Entrando ya a analizar la **prescripción de la acción de restitución con base en el art. 3 de la LRU** («*Declarada con arreglo a esta ley la nulidad de un contrato, el prestatario estará obligado a entregar tan sólo la suma recibida; y si hubiera satisfecho parte de aquélla y los intereses vencidos, el prestamista* *devolverá al prestatario lo que, tomando en cuenta el total de lo percibido, exceda del capital prestado»*), expone el Tribunal Supremo que la redacción este precepto y la del art. 1303 del CC *«no impide que también en el caso de la usura deba distinguirse entre la acción de nulidad y la acción de restitución. Y tampoco obsta a que, mientras que la acción de declaración de la nulidad es imprescriptible, la acción de restitución sí esté sometida a la regla general de la prescriptibilidad de las acciones (art. 1930, párrafo segundo, del Código Civil). Al igual que ocurre cuando se aplican los efectos restitutorios previstos en el art. 1303 del Código Civil, la regulación legal de estos efectos restitutorios en ese precepto del Código Civil y en el art. 3 LRU no excluye la aplicación de la regulación general de la prescripción de las acciones contenida en los arts. 1930 y siguientes del Código Civil».*

Y de la propia redacción del art. 3 de la LRU llega a la conclusión de que **no puede aceptarse que, en la nulidad del préstamo o crédito usurario, se declare que la acción de restitución de lo pagado por el prestatario que exceda del capital prestado es imprescriptible.**

> «La excepción prevista en la primera parte del art. 3 LRU (que el presta-tario puede oponer, frente a la acción de reclamación del prestamista que incluye capital, intereses y comisiones, que solo está obligado a entregar la suma recibida) puede ser opuesta por el prestatario cualquiera que sea la fecha en que el prestamista formula su demanda (quae temporalia sunt ad agendum, perpetua sunt ad excipiendum).Sin embargo, la acción pre-vista en la última parte del precepto (que el prestatario exija al prestamista, en una demanda principal o reconvencional, que le devuelva lo que, to-mando en cuenta el total de lo percibido, exceda del capital prestado) está sometida a prescripción».

Sobre el *dies a quo* del plazo de prescripción de esta acción, en primer lu-gar, dispone que **no es aplicable la doctrina del TJUE acerca de la prescrip-ción de la acción de restitución de las cantidades pagadas en aplicación de las cláusulas abusivas, porque la usura es una cuestión ajena al ámbito del Derecho de la UE.**

Por ello (explica la Sala) debe aplicarse la regla general sobre el inicio del plazo de prescripción de las acciones contenida en el art. 1969 del Código Civil:

> «El tiempo para la prescripción de toda clase de acciones, cuando no haya disposición especial que otra cosa determine, se contará desde el día en que pudieron ejercitarse».

Continúa explicando que la acción de restitución de lo pagado en exceso respecto del capital objeto del préstamo o crédito no nace cuando se cele-bra el contrato sino cuando se hace el pago de la cantidad cuya restitución se solicita. Y en estos casos de tarjetas *revolving*, cada mes el titular de la tarjeta paga una cuota comprensiva de capital, intereses y otros gastos. En consecuencia, **la acción para solicitar lo pagado en exceso sobre el capital del que se ha dispuesto nace respecto de cada pago mensual.** A partir de cada uno de esos pagos, **el titular de la tarjeta pudo ejercitar, junto con** la acción de nulidad por usura, la acción de restitución de lo pagado en exceso respecto del capital dispuesto.

Por todo lo anterior, la Sala de lo Civil concluye al respecto:

> «La consecuencia de lo expuesto es que el acreditado tiene acción para reclamar lo pagado que exceda del capital prestado en los cinco años anteriores a la formulación de la reclamación extrajudicial o a la interposición de la demanda. En este caso, ese plazo debe ampliarse en 82 días como consecuencia de la suspensión de los plazos de prescripción acordada en el Real Decreto 463/2020, de 14 de marzo.
>
> Las cantidades pagadas en exceso sobre el capital que han de ser restituidas al demandante devengarán el interés legal desde la fecha de cada pago.
>
> Por tanto, no es correcta la solución dada por la sentencia recurrida que ha considerado prescrita la acción para reclamar cualquier cantidad pagada en exceso sobre el capital dispuesto, aunque ese pago hubiera tenido lugar dentro del citado plazo de 5 años y 82 días anteriores a la formulación de la reclamación extrajudicial».

4.
PROCEDIMIENTO DE RECLAMACIÓN

Reclamación extrajudicial a la entidad bancaria por intereses usurarios en tarjeta *revolving*

El Banco de España ha establecido la obligatoriedad de que las entidades de crédito dispongan de un **servicio de atención al cliente y, potestativamente, un defensor del cliente**, órganos ante los que se habrán de formular, en su caso, las quejas o reclamaciones que traigan origen en las actuaciones de la entidad financiera fuera de la vía judicial.

Así pues, cuando se entienda que el contrato de una tarjeta *revolving* cuente con intereses usurarios el cliente podrá dirigir reclamación extrajudicial al servicio de atención al cliente de la entidad financiera bien en la propia oficina bien por vía electrónica. Habrá de acusarse recibo de la reclamación por escrito de manera que quede constancia de que se ha presentado, lo cual es especialmente importante a los efectos de determinar la condena en costas en el eventual procedimiento judicial.

> **CUESTIÓN**
>
> **La entidad bancaria, ¿cuenta con algún plazo para resolver las reclamaciones extrajudiciales presentadas por sus clientes?**
>
> Sí, la entidad bancaria tiene obligación de atender y resolver las quejas y reclamaciones presentadas por sus clientes, en el plazo de 2 meses desde su presentación en el departamento o servicio de atención al cliente o, en su caso, defensor del cliente [art. 9.1 b) de Orden ECO/734/2004, de 11 de marzo, sobre los departamentos y servicios de atención al cliente y el defensor del cliente de las entidades financieras].

Pero ¿qué datos deberán incluirse en la reclamación extrajudicial?

– Nombre, apellidos y domicilio del interesado o interesada y, en su caso de la persona que lo/la represente, debidamente acreditada y el número de DNI.

– Motivo de la queja o reclamación, con especificación clara de las cuestiones sobre las que se solicita un pronunciamiento.

– Que el/la reclamante no tiene conocimiento de que la materia objeto de la queja o reclamación está siendo sustanciada a través de un procedimiento administrativo, arbitral o judicial.

– Lugar fecha y firma.

Además, también se deberán aportar las pruebas documentales que obren en su poder y que fundamenten su queja y reclamación, en este caso el contrato de la tarjeta *revolving*, donde se establezcan los intereses que se consideran usuarios.

> **A TENER EN CUENTA**. Además del contrato de la tarjeta revolving, y para facilitar el éxito en un posible procedimiento judicial posterior, sería oportuno solicitar a la entidad bancaria copia de los extractos y movimientos donde consten las compras, transferencias, retiradas en efectivo, intereses, comisiones, etc., efectuadas con la tarjeta revolving, ya que la entidad financiera está obligada a facilitarlos.

Es importante remarcar que con la **Ley Orgánica 1/2025, de 2 de enero, de medidas de eficiencia del Servicio Público de Justicia**, publicada el 3 de enero de 2025, se han introducido una serie de modificaciones a nivel organizativo de la estructura judicial así como la incorporación de medidas de agilización procesal y de eficiencia de la justicia. Entre ellas, hay que resaltar la **potenciación de la vía negociadora** para resolver las controversias sin necesidad de acudir a la vía jurisdiccional, con la instauración de los denominados «MASC», es decir, los medios adecuados de solución de controversias en vía no jurisdiccional, **aplicables a partir del 03/04/2025**.

En este sentido, la citada LO 1/2025, según lo dispuesto en el preámbulo de la misma, pretende con los MASC «potenciar la negociación entre las partes, directamente o ante un tercero neutral, partiendo de la base de que estos medios reducen el conflicto social, evitan la sobrecarga de los tribunales y pueden ser igualmente adecuados para la solución de la inmensa mayoría de las controversias en materia civil y mercantil».

Así, ha de entenderse por **medio adecuado de solución de controversias** cualquier tipo de actividad negociadora a la que las partes de un conflicto acuden de buena fe con la finalidad de encontrar una solución extrajudicial al mismo, bien por sí mismas o con la intervención de una persona neutral (artículo 2 de la LO 1/2025, de 2 enero).

En el momento en que resulte de aplicación la regulación sobre los medios adecuados de solución de controversias contenida en la LO 1/2025, de 2 de enero, **será un requisito de procedibilidad el acudir a alguno de estos** (con el fin de conseguir una solución extraprocesal del conflicto), para poder interponer la correspondiente demanda ante el orden jurisdiccional civil.

Es importante tener en cuenta respecto al requisito de procedibilidad, lo dispuesto por la **D.A. 7.ª de la LO 1/2025, de 2 de enero**:

> «En los litigios en que se ejerciten acciones individuales promovidas por consumidores o usuarios, se **entenderá cumplido el requisito de procedibilidad por la reclamación extrajudicial previa** a la empresa o profesional con el que hubieran contratado, sin haber obtenido una respuesta en el plazo establecido por la legislación especial aplicable, o cuando la misma no sea satisfactoria, y sin perjuicio de que puedan acudir a cualquiera de los medios adecuados de solución de controversias, tanto los previstos en

legislación especial en materia de consumo, como los generales previstos en la presente ley.

Se entenderá también cumplido el requisito de procedibilidad con la resolución de las reclamaciones presentadas por los usuarios de los servicios financieros ante el Banco de España, la Comisión Nacional del Mercado de Valores y la Dirección General de Seguros y Fondos de Pensiones en los términos establecidos por el artículo 30 de la Ley 44/2002, de 22 de noviembre, de Medidas de Reforma del Sistema Financiero, o por haber acudido a alguno de los procedimientos a que se refiere la Ley 7/2017, de 2 de noviembre, por la que se incorpora al ordenamiento jurídico español la Directiva 2013/11/UE, del Parlamento Europeo y del Consejo, de 21 de mayo de 2013, relativa a la resolución alternativa de litigios en materia de consumo, o los que pudieran haber sido establecidos en normativa sectorial en desarrollo de la misma».

Reclamación judicial de las tarjetas *revolving*

Si la reclamación extrajudicial no resulta fructuosa para los intereses del consumidor, podrá interponer la correspondiente demanda judicial. Esta se interpondrá ante el juzgado de primera instancia del domicilio del titular de la tarjeta *revolving* de la entidad demandada.

En cuanto al procedimiento, el mismo será el del juicio verbal de acuerdo con lo previsto en el apartado 1 del art. 250 de la LEC, en el numeral 14.º, que reza como sigue:

«1. Se decidirán en juicio verbal, cualquiera que sea su cuantía, las demandas siguientes:

(…)

14.º Las demandas en que se ejerciten **acciones individuales relativas a condiciones generales de contratación** en los casos previstos en la legislación sobre esta materia».

A TENER EN CUENTA. Con la reforma operada por el Real Decreto-ley 6/2023, de 19 de diciembre, con entrada en vigor el 20/03/2024, las demandas en que se ejerciten acciones individuales relativas a condiciones generales de la contratación pasaron a tramitarse por medio del procedimiento del juicio verbal, ya que hasta la fecha se tramitaban conforme a las reglas del juicio ordinario. Reglas que se seguirán en caso de que la reclamación sea colectiva (art. 249.1.6.º de la LEC) .

Y ya una vez presentada la demanda, se pueden dar una de las siguientes circunstancias:

– Que la **entidad bancaria se allane**. En este caso, se dará por concluido el proceso y se procederá a dictar sentencia.

– Que la **entidad bancaria se oponga a la demanda del prestatario**. En este caso, el juicio seguirá su tramitación.

> **CUESTIÓN**
>
> **¿A quién corresponde la carga de la prueba del carácter negociado de las cláusulas del contrato?**
>
> La respuesta nos la da el Tribunal Supremo en su s*entencia n.º 265/2015, de 22 de abril, ECLI:ES:TS:2015:1723*, que señala: «(...) tanto la Directiva (art. 3.2) como la norma nacional que la desarrolla (art. 82.2 del Texto Refundido de la Ley General para la Defensa de los Consumidores y Usuarios) prevean que el profesional o empresario que afirme que una determinada cláusula ha sido negociada individualmente, asumirá la carga de la prueba de esa negociación».

Es importante señalar por último que, en la demanda, subsidiariamente en el suplico de la misma, se solicite al tribunal la **nulidad de las cláusulas abusivas por no haber pasado el control de transparencia,** pues, como ha pasado, por ejemplo, en el recurso de casación que da lugar a la **sentencia del Tribunal Supremo n.º 149/2020, de 4 de marzo, ECLI:ES:TS:2020:600,** en que la demandante únicamente ejerció la acción de nulidad de la operación de crédito mediante tarjeta *revolving* por su carácter usurario, pues, aunque al tener la demandante la condición de consumidora, el control de la estipulación que fija el interés remuneratorio puede realizarse también mediante los controles de incorporación y transparencia, propios del control de las condiciones generales en contratos celebrados con consumidores.

¿Cuál será el plazo de prescripción para ejercitar la acción de restitución de los efectos derivados de una tarjeta revolving?

En primer lugar, debemos señalar que a la hora de analizar la prescripción de la acción, habrá que **distinguir entre el plazo de prescripción de la acción de nulidad de una cláusula abusiva y el plazo de prescripción de la acción de restitución de los efectos** la remoción de las consecuencias jurídicas derivadas de la cláusula abusiva.

La **sentencia de la Audiencia Provincial de Barcelona n.º 92/2019, de 23 de enero, ECLI:ES:APB:2019:270** y reiterando doctrina la **n.º 1846/2020, de 10 de septiembre, ECLI:ES:APB:2020:7982**, entienden que la nulidad de una cláusula por ser contraria a una norma imperativa o prohibitiva puede hacerse valer en cualquier momento y que al menos la acción propiamente dicha de nulidad, de carácter declarativo, no está sujeta a plazo de prescripción como cualquier otro acto que contravenga una norma imperativa.

Cuestión distinta es la relativa a la prescripción de la acción de remoción de los efectos de una condición general nula por abusiva cuando los efectos de la cláusula ya se han producido. Refiriendo la sentencia de 10 de septiembre que:

> «(...) **el carácter abusivo de la cláusula** que desplaza al consumidor todos los gastos de la escritura **puede esgrimirse en todo momento, tanto mediante** el ejercicio de la **acción declarativa de nulidad, que es imprescriptible,** como oponiéndose a cualquier pretensión con fundamento en la cláusula nula. Por el contrario, si el consumidor, en cumplimiento de lo previsto en la cláusula abusiva, ha abonado alguna cantidad y, en definitiva, la cláusula ha desplegado y agotado sus efectos, por razones de seguridad jurídica, **la acción de remoción de los efectos de la nulidad se extingue**

por el transcurso del tiempo. No nos parece razonable y estimamos contrario a la regla legal de prescripción de todas las pretensiones de condena que la reclamación de gastos de gestoría, notaría o registro no se sujete a un plazo de prescripción y que puedan exigirse esos gastos, con sus intereses, aunque se hayan abonado hace décadas o incluso siglos con pleno conocimiento por parte del consumidor. Resulta imprescindible asegurar un mínimo de certidumbre a las relaciones jurídicas, que no pueden estar amenazadas de esa forma por tiempo indefinido».

En la misma sintonía se pronuncia la Audiencia Provincial de A Coruña en su sentencia n.º 411/2017, de 29 de noviembre, ECLI:ES:APC:2017:2609, que es muy clara al respecto:

«En definitiva, es necesario distinguir entre la acción de declaración de nulidad de la cláusula abusiva y la acción de restitución de las cantidades abonadas en ejecución de la cláusula nula. **La primera es imprescriptible por tratarse de una nulidad absoluta o de pleno derecho de las previstas en el art. 6 del CC, mientras que la segunda estaría sometida a plazo de prescripción.** De esta forma se ha expresado la jurisprudencia de nuestro más Alto Tribunal de la que son simple expresión las SSTS de 21 de enero de 2003, 24 de abril de 2013, 19 de noviembre de 2015 o 6 de octubre de 2016. En efecto, como señala la precitada STS 654/2015, de 19 de noviembre, en la "nulidad absoluta, la acción es imprescriptible (por todas, Sentencia de esta Sala 178/2013, de 25 de marzo)"».

Por lo que, sería lógico atender, en este caso, a lo dispuesto en el artículo 1964.2 del CC: «*Las acciones personales que no tengan plazo especial* **prescriben a los cinco años desde que pueda exigirse el cumplimiento de la obligación**. *En las obligaciones continuadas de hacer o no hacer, el plazo comenzará cada vez que se incumplan*». Sobre esta cuestión se pronuncia el **Tribunal de Justicia de la Unión Europea en su sentencia n.º C-224/19 (asuntos acumulados n.º C-224/19 y C-259/19) de 16 de julio de 2020, ECLI:EU:C:2020:578**, con el tenor literal siguiente:

«En el litigio principal, el órgano jurisdiccional remitente indica que se plantea la eventual aplicación del plazo de prescripción de cinco años establecido en el artículo 1964, apartado 2, del Código Civil a la acción dirigida a hacer valer los efectos restitutorios de la declaración de la nulidad de una cláusula contractual abusiva de un contrato de préstamo hipotecario.

Dado que plazos de prescripción de tres años (sentencia de 15 de abril de 2010, Barth, C 542/08, EU:C:2010:193, apartado 28) o de dos años (sentencia de 15 de diciembre de 2011, Banca Antoniana Popolare Veneta, C 427/10, EU:C:2011:844, apartado 25) han sido considerados en la jurisprudencia del Tribunal de Justicia conformes con el principio de efectividad, **debe considerarse que un plazo de prescripción de cinco años aplicable a la acción dirigida a hacer valer los efectos restitutorios de la declaración de la nulidad de una cláusula abusiva** no parece, en principio y sin perjuicio de la apreciación por parte del órgano jurisdiccional remitente de los elementos mencionados en el anterior apartado 85, que pueda hacer imposible en la práctica o excesivamente difícil el ejercicio de los derechos conferidos por la Directiva 93/13».

En el mismo sentido, el **TJUE en su sentencia dictada en los asuntos acumulados n.º C- 698/18 y C-699/18, de 9 de julio de 2020, ECLI:EU:C:2020:537**, que establece:

> «Por consiguiente, procede responder a la primera cuestión prejudicial planteada en el asunto C 698/18 que los artículos 2, letra b), 6, apartado 1, y 7, apartado 1, de la Directiva 93/13 deben interpretarse en el sentido de que **no se oponen a una normativa nacional que, al mismo tiempo que establece el carácter imprescriptible de la acción cuyo objeto es declarar la nulidad de una cláusula abusiva incluida en un contrato celebrado entre un profesional y un consumidor, somete a un plazo de prescripción la acción dirigida a hacer valer los efectos restitutorios de esa declaración**, siempre y cuando ese plazo no sea menos favorable que el aplicable a recursos similares de carácter interno (principio de equivalencia) y no haga imposible en la práctica o excesivamente difícil el ejercicio de los derechos conferidos por el ordenamiento jurídico de la Unión, en particular por la Directiva 93/13 (principio de efectividad)».

En definitiva, la doctrina mayoritaria, distingue, a los efectos de prescripción, entre la acción de nulidad propiamente dicha (acción imprescriptible) y la de restitución de los efectos que se hayan podido producir del acto nulo (sujeta a prescripción), que mantienen distintas posiciones sobre el plazo de prescripción y sobre la forma de computarlo.

¿Cuándo será el *dies a quo* del inicio del plazo prescriptivo de la acción de restitución de los intereses remuneratorios?

En primer lugar, cabe señalar que el Tribunal de Justicia de la Unión Europea en su **sentencia n.º C-224/19 de 16 de julio de 2020, ECLI:EU:C:2020:578**, dispone:

> «Pues bien, la aplicación de un plazo de prescripción de cinco años que comience a correr a partir de la celebración del contrato, en la medida en que tal aplicación implica que el consumidor solo pueda solicitar la restitución de los pagos realizados en ejecución de una cláusula contractual declarada abusiva durante los cinco primeros años siguientes a la firma del contrato —con independencia de si este tenía o podía razonablemente tener conocimiento del carácter abusivo de esta cláusula—, puede hacer excesivamente difícil el ejercicio de los derechos que la Directiva 93/13 confiere a este consumidor y, por lo tanto, vulnerar el principio de efectividad, en relación con el principio de seguridad jurídica».

Posteriormente, el **Tribunal Supremo en su auto rec. 1799/2020, de 22 de julio de 2021, ECLI:ES:TS:2021:10157A**, formula al TJUE la siguiente cuestión prejudicial, todavía sin resolver a fecha de hoy:

- ¿Es conforme con el principio de seguridad jurídica interpretar los artículos 6.1 y 7.1 de la Directiva 93/13/CEE del Consejo, de 5 de abril de 1993, sobre cláusulas abusivas en los contratos con consumidores, en el sentido de que el plazo de prescripción de la acción para reclamar lo pagado en virtud de una cláusula abusiva no comienza a correr hasta que por sentencia firme se haya declarado la nulidad de dicha cláusula?

– Si tal interpretación no fuera conforme con el principio de seguridad jurídica ¿se opone a los mencionados artículos de la referida Directiva una interpretación que considere día inicial del plazo de prescripción la fecha de las sentencias del Tribunal Supremo que fijaron doctrina jurisprudencial sobre los efectos restitutorios (sentencias de 23 de enero de 2019)?

– Si tal interpretación se opusiera a los referidos artículos ¿se opone a los mismos una interpretación que considere día inicial del plazo de prescripción la fecha de las sentencias del Tribunal de Justicia que declararon que la acción de restitución podía estar sujeta a un plazo de prescripción (básicamente, SSTJUE de 9 de julio de 2020, Raiffeisen Bank SA, asuntos acumulados C-698/10 y 699/18; o de 16 de julio de 2020, Caixabank, SA, asuntos acumulados C-224/19 y C- 259/19, que confirma la anterior).

Si bien, el TJUE en su sentencia dictada en los **asuntos acumulados n.º C-80/21, C-81/21 y C- 82/21 de 8 de septiembre de 2022, ECLI:EU:C:2022:646**, viene a dar respuesta a la problemática del plazo de prescripción de la acción referente a los efectos restitutorios de una cláusula declarada abusiva, al amparo de lo previsto en la Directiva 93/13/CEE.

A través de la referida sentencia el TJUE considera contrario al principio de efectividad y a la interpretación de la mencionada directiva que el plazo comience a correr desde la fecha de cada prestación realizada por el consumidor, aun cuando en esa fecha, este no estuviera en condiciones de apreciar por sí mismo el carácter abusivo de la cláusula contractual o no tuviera conocimiento del carácter abusivo de esta.

Este tribunal afirma que es posible que los consumidores ignores que una cláusula incluida en un contrato es abusiva o no perciban la amplitud de los derechos que les reconoce la Directiva 93/13/CEE y añade que podría producirse la prescripción incluso antes de que finalice el contrato, de modo que tal régimen de prescripción puede privar a los consumidores de la posibilidad de reclamar la restitución de los pagos realizados en virtud de una cláusula abusiva.

Así, entiende que:

> «Procede señalar que un plazo de prescripción únicamente puede ser compatible con el principio de efectividad si el consumidor pudo conocer sus derechos antes de que dicho plazo empezase a correr o expirase (sentencia de 10 de junio de 2021, BNP Paribas Personal Finance, C-776/19 a C-782/19, EU:C:2021:470, apartado 46 y jurisprudencia citada)».

Por su parte, la **Audiencia Provincial de Valencia a través de su sentencia n.º 15/2023, de 20 de enero, ECLI:ES:APV:2023:1584**, y de acuerdo con el anterior pronunciamiento del TJUE sobre la materia, aclara que el día inicial del plazo no puede ser el día en que se hicieron los pagos indebidos, dando las siguientes soluciones:

– Que el **día inicial del plazo de prescripción de la acción de restitución sea el de la sentencia que declara la nulidad de la cláusula.**

Esta solución puede colisionar con el principio de seguridad jurídica, que constituye uno de los principios del ordenamiento jurídico de la UE: en la práctica, convierte la acción de restitución en imprescriptible, puesto que no puede comenzar el plazo de prescripción hasta que se haya estimado una acción (la de nulidad) que es imprescriptible en el Derecho interno, por tratarse de una nulidad absoluta.

– Que **el día inicial sea aquel en que el Tribunal Supremo dictó una serie de sentencias uniformes en que declaró que las cláusulas que atribuían al consumidor el pago de todos los gastos del contrato eran abusivas** y decidió cómo debían distribuirse tales gastos una vez expulsada la cláusula del contrato.

Así, si se aplican cualquiera de los dos anteriores criterios de inicio del cómputo del plazo de prescripción conducirá al mismo resultado, que implica que a la fecha de la presentación de la demanda la acción no habría prescrito.

Por último, cabe mencionar la reciente **sentencia de la Audiencia Provincial de Salamanca n.° 194/2023, de 31 de marzo, ECLI:ES:APSA:2023:261**, que hace un análisis exhaustivo y claro sobre el *dies a quo* del inicio del plazo de prescripción de la acción de restitución de los intereses, que concluye lo siguiente:

> «Llegados a este punto, de las dos opciones que al respecto de la determinación del dies a quo el propio TS sugiere en sus últimos pronunciamientos, para este Tribunal de alzada, el más razonable, a la par que ofrece mayor seguridad jurídica, no lo es la fecha en que se declare judicialmente usurario el préstamo, o sea, cuando se dicte la sentencia correspondiente, dado que, en esto tiene razón Wizink Bank, ello supondría, verdaderamente, en la práctica, la imprescriptibilidad de la acción restitutoria; sino que **hemos de estar a la fecha en la que siente el dicho alto Tribunal una doctrina uniforme sobre cómo valorar no sólo la concurrencia de la usura en general, sino cuando ofrezca, en ausencia de una regulación legal detallada y específica sobre los contratos revolving**, los parámetros necesarios que disipen toda duda en nuestros órganos judiciales.
>
> Pero, a diferencia de lo que sostiene, de modo subsidiario, la apelante, no se concuerda con que el diez a quo coincida con el dictado de la STS de 25 de noviembre de 2015, sino, como pronto, con la publicación de la ulterior STS de Pleno n° 149/2020, de 4 de marzo, que es la que vino a consolidar la jurisprudencia que se inició por la citada anteriormente, y la vino a consolida y matizar, si se pondera el que es ésta última la que implantó el criterio de referencia concreta y módulo de valoración de la procedencia de la usura, mediante el recurso a los boletines estadísticos del Banco de España en relación, de modo concreto y singularizado, con las tarjetas "revolving", proporcionando o facilitando de este modo la denominada cognoscibilidad "objetiva", exigible para el consumidor o prestatario, pudiera ya tener noticia más reconocible de que el interés que ha venido satisfaciendo al prestamista era usurario por desproporcionado, por notablemente superior al normal del dinero.

Y con ese conocimiento y divulgación de la importancia que da el TS, en la sentencia de marzo de 2020, a los tipos de interés promedio en el mercado financiero en el campo de las tarjetas revolving, avalado por los datos estadísticos del Banco de España a que el TS se remite, ya podría decidir el consumidor, con garantías, el ejercicio o no de la acción por usura, dándose así plenitud al significado del art, 1969 CC, referido a cuándo se debe entender que las acciones "pudieron ejercitarse").

Y, ello sin entrar a valorar que de forma más definitiva es la recientísima sentencia del Pleno de la Sala 1ª del TS, número 258/2023, de 15 de febrero, la que da contestación a indeterminaciones sustanciales hasta el momento objeto de resoluciones dispares en la llamada jurisprudencia menor, proponiendo el diferencial de 6 puntos como exceso máximo que de superarse respecto a los promedios publicados conlleva per se su carácter usurario; no pudiendo discutirse que esta sentencia es la que conforma un corpus jurisprudencial más completo, ofreciendo al intérprete criterios más ciertos y objetivos a la hora de demandar o no la naturaleza usuraria de su contrato.

De todo ello es de concluir que **la reclamación económica del demandante Sr. Santos no puede verse afectada por la prescripción, porque, tomamos como inicio del plazo de prescripción el momento de la publicación de la mencionada STS de 4 de marzo de 2020, y siendo así que el requerimiento extracontractual es de febrero de 2021, obvio resulta que en dicho momento el plazo de 5 años no habría transcurrido».**

4.1. La condena en costas

Condena en costas en primera instancia. Artículo 394 de la LEC

En los procesos declarativos, las costas de la primera instancia se impondrán a la parte que haya visto rechazadas todas sus pretensiones, salvo que el tribunal aprecie —y así lo razone— que el caso presentaba serias dudas de hecho o de derecho.

JURISPRUDENCIA

Sentencia del Tribunal Constitucional n.º 91/2023, de 11 de septiembre, ECLI:ES:TC:2023:91

Asunto: Excepción de serias dudas de hecho o derecho en la condena en costa en materia de cláusulas abusivas

«La reciente STJUE de 13 de julio de 2023, asunto C-35/22, parte de la misma perspectiva al declarar que el art. 6.1 de la Directiva 93/13/CEE no se opone a una normativa de reparto de costas en caso de allanamiento como la española, "a condición de que el juez nacional competente pueda tener en cuenta la existencia de una jurisprudencia nacional reiterada que declara abusivas cláusulas análogas a aquella

y la actitud del referido profesional para concluir que este ha actuado de mala fe y, en su caso, condenarlo consiguientemente a cargar con esas costas". Y afirma a este respecto que "dado el conocimiento que sobre esta materia cabe esperar de las entidades de crédito, conjugado con la posición de inferioridad de los consumidores respecto de tales entidades", conductas consistentes en esperar a que sea el consumidor quien inicie la vía judicial, para allanarse y así evitar la condena en costas "pueden constituir indicios serios de mala fe de dichas entidades" por lo que "es preciso que el juez competente pueda efectuar las comprobaciones necesarias al efecto y, en su caso, extraer las consecuencias que de ellas se deriven" (apartado 37).

e) Por último, de forma específica, la Sala de lo Civil del Tribunal Supremo ha excluido en las SSTS 419/2017, de 4 de julio, y 472/2020, de 17 de septiembre, que, en los litigios sobre cláusulas abusivas en los que la demanda del consumidor resulte estimada, pueda aplicarse la excepción al principio de vencimiento objetivo en materia de costas basada en la existencia de serias dudas de derecho. Como puede observarse, dichas resoluciones —como lo fue la STJUE de 16 de julio de 2020— son anteriores en el tiempo a la resolución judicial de apelación que es impugnada en el presente recurso de amparo.

Para el Tribunal Supremo, el criterio decisivo aplicable en esta materia es el respeto al principio de efectividad del Derecho de la Unión Europea que, a su vez, exige dar cumplimiento a otros dos principios: el de no vinculación de los consumidores a las cláusulas abusivas (art. 6.1 de la Directiva) y el del efecto disuasorio del uso de cláusulas abusivas en los contratos no negociados celebrados con los consumidores (art. 7.1 de la Directiva). Aprecia el tribunal que "si en virtud de la excepción a la regla general del vencimiento por la existencia de serias dudas de hecho o de derecho, el consumidor, pese a vencer en el litigio, tuviera que pagar íntegramente los gastos derivados de su defensa y representación, no se restablecería la situación de hecho y de derecho que se habría dado si no hubiera existido la cláusula abusiva y, por tanto, el consumidor no quedaría indemne pese a contar a su favor con una norma procesal nacional cuya regla general le eximiría de esos gastos. En suma, se produciría un efecto disuasorio inverso, pues no se disuadiría a los bancos de incluir las cláusulas abusivas en los préstamos hipotecarios, sino que se disuadiría a los consumidores de promover litigios por cantidades moderadas". Y concluye destacando que la aplicación de la excepción al principio de vencimiento objetivo por la concurrencia de serias dudas de derecho (art. 394.1 LEC), hace imposible o dificulta en exceso la efectividad del Derecho de la Unión Europea, pues "trae como consecuencia que el consumidor, pese a obtener la declaración de que la cláusula es abusiva y que no queda vinculado a la misma, deba cargar con parte de las costas procesales, concretamente, las causadas a su instancia y las comunes por mitad"».

Para apreciar, a efectos de condena en costas, que el caso era jurídicamente dudoso, se tendrá en cuenta la jurisprudencia recaída en casos similares. Sin embargo, podemos señalar determinados requisitos que deben concurrir para apreciar esta exención; con relación a ellos la **sentencia de la Audiencia Provincial de Tarragona n.° 80/2022, de 10 de febrero, ECLI:ES:APT:2022:203,** ha señalado:

«En cuanto a las "serias dudas de hecho o de derecho" acogidas por el juzgador de Instancia en este caso, que excluyen la expresa imposición de costas a pesar de producirse el vencimiento previsto en el artículo 394, los requisitos para su apreciación son los dos siguientes:

1.°) Que tales dudas sean fundadas, razonables, basadas en una gran dificultad para determinar, precisar o conocer fuera del proceso judicial la realidad de los hechos fundamento de la pretensión deducida, o aun no habiendo dudas sobre los hechos, los efectos jurídicos de los mismos se presenten dudosos por ser la normativa aplicable susceptible de diversas interpretaciones, o bien en el supuesto de las de derecho, porque exista jurisprudencia contradictoria en casos similares.

2.º) Ha de concurrir la "seriedad" de la duda, esto es, la importancia de los hechos sobre los que recae la incertidumbre en orden a decidir la razonabilidad de la pretensión. En el mismo sentido citaremos la sentencia de la AP de Murcia de 25 de abril de 2013, que establece: "Es decir la concurrencia de serias dudas de hecho o de derecho en la resolución del caso. Estas dudas de hecho o de derecho exigen la nota o característica de seriedad, es decir que en todo caso, habrán de ser fundadas y de cierta importancia y entidad. Las primeras, hacen referencia a aquellos casos en los que la prueba practicada admita varias interpretaciones y las posiciones que las partes mantengan a partir de ellas, resulten lógicas y razonables. Las segundas, dudas de derecho, surgirían cuando quepan distintas interpretaciones de las normas y conceptos jurídicos implicados, de forma asimismo lógica y razonable".

En definitiva, por tanto, la expresión "serias" que contiene la norma, conlleva la exigencia de que tales dudas sean razonablemente fundadas, graves, importantes y de notable entidad y consideración en atención a la especial complejidad de los hechos controvertidos, lo que excluye las naturales y comprensibles divergencias que han dado lugar al debate jurídico».

No obstante, y como novedad introducida por la **LO 1/2025, de 2 de enero, en vigor a partir del 3 de abril de 2025, cuando la participación en un medio de solución de conflictos sea legalmente perceptiva**, o se hubiera acordado, previa conformidad de las partes, por el juez, la jueza o el tribunal o el letrado o letrada de la Administración de Justicia durante el curso del proceso, **no habrá pronunciamiento de costas a favor de aquella parte que hubiera rehusado expresamente o por actos concluyentes,** y sin justa causa, **participar en un medio adecuado de solución de controversias al que hubiese sido efectivamente convocado.**

Si fuere **parcial la estimación o desestimación de las pretensiones,** cada parte abonará las costas causadas a su instancia y las comunes por mitad, a no ser que hubiere méritos para imponerlas a una de ellas por haber litigado con temeridad. No obstante, a partir del 3 de abril de 2025, con la entrada en vigor de la reforma realizada por la **LO 1/2025, de 2 de enero,** si **alguna de las partes no hubiera acudido, sin casusa que lo justifique, a un medio adecuado de solución de controversias, cuando fuera legalmente preceptivo** o así lo hubiera acordado el juez, la jueza o el tribunal o el letrado de la Administración de Justicia durante el proceso, **se le podrá condenar al pago de las costas,** en decisión debidamente motivada, **aun cuando la estimación de la demanda sea parcial.**

Cuando, en aplicación de lo dispuesto en el apartado 1 de este artículo 394 de la LEC, se impusieren las costas al litigante vencido, este solo estará obligado a pagar, de la parte que corresponda a los abogados y demás profesionales que no estén sujetos a tarifa o arancel, una cantidad total que no exceda de la tercera parte de la cuantía del proceso, por cada uno de los litigantes que hubieren obtenido tal pronunciamiento; a estos solos efectos, las pretensiones inestimables se valorarán en **24.000 euros**, salvo que, en razón de la complejidad del asunto, el tribunal disponga otra cosa.

> **A TENER EN CUENTA**. Antes de la entrada en vigor, el 03/04/2025, de la reforma realizada por la LO 1/2025, de 2 de enero, las pretensiones inestimables se valorarán en 18.000 euros.

No se aplicará lo antedicho cuando el tribunal declare la temeridad del litigante condenado en costas.

> **CUESTIONES**
>
> **1. Si el condenado en costas es titular del derecho de asistencia de jurídica gratuita, ¿qué costas debe abonar?**
>
> Para el caso de que el condenado en costas sea titular del derecho de asistencia jurídica gratuita, solo estará obligado a pagar las costas derivadas de la defensa de la parte contraria en los casos expresamente señalados en la Ley 1/1996, de 10 de enero, de asistencia jurídica gratuita, en su art. 36.2 que dispone:
>
> *«Cuando en la resolución que ponga fin al proceso fuera condenado en costas quien hubiera obtenido el reconocimiento del derecho a la asistencia jurídica gratuita o quien lo tuviera legalmente reconocido, éste quedará obligado a pagar las causadas en su defensa y las de la parte contraria, si dentro de los tres años siguientes a la terminación del proceso viniere a mejor fortuna, quedando mientras tanto interrumpida la prescripción del artículo 1.967 del Código Civil (...)».*
>
> **2. ¿A quién se abonarán las costas cuando la parte beneficiaria en costas sea titular del derecho de asistencia jurídica gratuita?**
>
> A partir del 03/04/2025, con la entrada en vigor de la reforma operada por la LO 1/2025, de 2 de enero, las mismas deberán ser abonadas a las personas profesionales que se hayan designado para su representación y dirección jurídica, que estarán obligadas a devolver las cantidades eventualmente percibidas con cargo a fondos públicos por su intervención en el proceso. A tales efectos, se comunicará por la Oficina judicial a los colegios profesionales correspondientes dicha circunstancia.

Por otro lado, en caso de que la parte requerida para iniciar una actividad **negociadora previa tendente a evitar el proceso judicial** hubiese **rehusado intervenir** en la misma, **la parte requirente quedará exenta de la condena en costas, salvo que se aprecie un abuso del servicio público de Justicia**; se trata de una novedad introducida por la **LO 1/2025, de 2 de enero**, en vigor a partir del 03/04/2025.

> **CUESTIÓN**
>
> **¿Qué se puede entender como «abuso del servicio público de Justicia»?**
>
> La LO 1/2025, de enero, acerca de este concepto señala lo siguiente en su preámbulo:
>
> *«Surge así la noción del abuso del servicio público de Justicia, actitud incompatible de todo punto con su sostenibilidad. El abuso del servicio público de justicia se erige como excepción al principio general del principio de vencimiento objetivo en costas, e informador de los criterios para su imposición, al sancionar a aquellas partes que hubieran rehusado injustificadamente acudir a un medio adecuado de solución de controversias, cuando este fuera preceptivo. Del mismo modo, el abuso del servi-*

> *cio público de justicia se une a la conculcación de las reglas de la buena fe procesal como concepto acreedor de la imposición motivada de las sanciones previstas en la mencionada Ley 1/2000, de 7 de enero.*
>
> *Este abuso puede ejemplificarse, por tanto, en la utilización irresponsable del derecho fundamental de acceso a los tribunales recurriendo injustificadamente a la jurisdicción cuando hubiera sido factible y evidente una solución consensuada de la controversia, como son los litigios de cláusulas abusivas ya resueltos en vía judicial con carácter firme y con idéntico supuesto de hecho y fundamento jurídico, o en los casos en que las pretensiones carezcan notoriamente de toda justificación impactando en la sostenibilidad del sistema, del cual quiere hacerse partícipe a la ciudadanía.*
>
> *Así, si bien este nuevo concepto puede presentar elementos concomitantes con otros existentes como temeridad, el abuso del derecho o la mala fe procesal, los complementa, ofreciendo una dimensión de la Justicia como servicio público al exigir una valoración, por parte de los Tribunales, de la conducta de las partes previa al procedimiento, en la consecución de una solución negociada.*
>
> *Todo ello sin perjuicio de que será indudablemente la jurisprudencia la que irá delimitando los contornos de este nuevo concepto, y sus aspectos diferenciales con respecto a los ya indicados, como ya lo ha hecho a lo largo de muchos años en el análisis de la temeridad o la mala fe procesal».*

En ningún caso se impondrán las costas al Ministerio Fiscal en los procesos en que intervenga como parte.

De la redacción del art. 394 de la LEC se desprende el **criterio del vencimiento** para la **imposición de costas en primera instancia**, salvo cuando se aprecien dudas de hecho o de derecho, dudas que deben ser razonadas y con cierta entidad. En este sentido, se pronuncia el **Tribunal Supremo en su auto, rec. 258/2012, de 5 de junio, ECLI:ES:TS:2012:5952A**: «(...) no basta para excluir la preceptiva condena en costas que existan discrepancias sobre una determinada cuestión, de hecho o de derecho, siendo preciso que aquellas revistan una entidad tal que justifique la exención (...)».

El criterio del vencimiento para la imposición de costas atiende al objetivo de garantizar el principio de tutela judicial efectiva.

El sistema de imposición de costas que se regula en el art. 394 de la LEC se ha complementado por los tribunales con la denominada **doctrina de la «estimación sustancial» de la demanda**. Esta doctrina opera cuando en el proceso hay una leve diferencia entre lo que se ha pedido en la demanda y lo que la sentencia ha estimado. Este supuesto se da cuando, por ejemplo, se rechazan peticiones accesorias de intereses, repercusión del IVA u otros conceptos de pequeña entidad. Se entiende en estos casos que la demandas se ha estimado en lo sustancial.

Y ha seguido el proceso de «complementación» del criterio de vencimiento objetivo con la **inclusión de la noción de «abuso del servicio público de justicia»** (al que hemos hecho referencia en párrafos anteriores) por la reforma realizada en este artículo por la LO 1/2025, de 2 de enero, como una excepción «**al principio general del principio de vencimiento objetivo en costas**, e informador de los criterios para su imposición, al **sancionar a aquellas partes que hubieran rehusado injustificadamente acudir a un medio adecuado de solución de controversias, cuando este fuera preceptivo»**, y es que este nuevo concepto «puede presentar elementos concomitantes con otros existentes como temeridad, el abuso del derecho o la mala fe procesal, **los complementa**, ofreciendo una dimensión de la Justicia como servicio público al exigir una valoración, por parte de los Tribunales, de la conducta de las partes previa al procedimiento, en la consecución de una solución negociada». (Preámbulo de la LO 1/2025, de 2 de enero).

Condena en costas en caso de allanamiento. Artículo 395 de la LEC

Si el demandado se allanare a la demanda antes de contestarla, no procederá la imposición de costas salvo que el tribunal, razonándolo debidamente, aprecie mala fe en su conducta o abuso del servicio público de Justicia. (Esto último es una novedad de la modificación del art. 395 de la LEC por la LO 1/2025, de 2 enero, con entrada en vigor el 03/04/2025).

Se entenderá que existe mala fe a estos efectos cuando, antes de presentada la demanda, se hubiese requerido al demandado para el cumplimiento de la obligación de forma fehaciente y justificada, o cuando hubiese rechazado el acuerdo ofrecido o la participación en un medio adecuado de solución de controversias. (Novedad de la LO 1/2025, de 2 de enero).

Si el allanamiento se produjere tras la contestación a la demanda, se aplicará el apartado 1 del art. 394 de la LEC (criterio de vencimiento).

Asimismo, la **LO 1/2025, de 2 de enero**, en vigor a partir del 03/04/2025, añade un tercer párrafo al art. 395 de la LEC, que establece, para los casos **en los que la parte demandada no hubiere acudido, sin causa que lo justifique, a un medio adecuado de solución de controversias, cuando fuera legalmente preceptivo** o así lo hubiera acordado el juez, la jueza o el tribunal o el letrado o la letrada de la Administración de Justicia durante el proceso y luego se allanare a la demanda, **se le condenará en costas, salvo que el tribunal, en decisión debidamente motivada, aprecie circunstancias excepcionales para no imponérselas.**

La previsión recogida este artículo tiene como finalidad fomentar la solución extrajudicial de los conflictos. De esta forma se incentiva al potencial demandante a buscar una solución sin acudir a los tribunales. En este sentido se ha pronunciado el Tribunal Supremo en la **sentencia n.º 762/2023, de 18 de mayo, ECLI:ES:TS:2023:2209:**

> «Por tanto, siendo de aplicación en cuanto a costas el artículo 395 LEC, debemos recordar, que como hemos dicho en nuestras sentencias 131/2021, de 9 de marzo, y 620/2021 de 22 de septiembre, una de las finalidades del artículo 395 LEC es fomentar la solución extrajudicial a los conflictos. Se incentiva al potencial demandante a buscar una solución sin acudir a los tribunales, de modo que cuando ha intentado solucionar extrajudicialmente el conflicto antes de interponer la demanda, y no ha obtenido una respuesta satisfactoria a su pretensión, si aquel con quien mantiene el conflicto se allana a la demanda, se considerará que este ha actuado de mala fe y se le impondrán las costas».

La excepción a la no imposición de costas es que el tribunal, razonándolo debidamente, aprecie mala fe (o abuso del servicio público de justicia; a partir del 03/04/2025) en el demandado. La Audiencia Provincial de Cáceres en su **sentencia n.º 600/2019, de 31 de octubre, ECLI:ES:APCC:2019:867,** y en la **sentencia n.º 141/2023, de 9 de marzo, ECLI:ES:APCC:2023:195,** dispone lo siguiente:

> «La novedad introducida por el legislador en la LEC. 1/2000, reside en la concreción de dos casos en los que siempre se debe considerar que existe mala fe: 1.º) Cuando haya habido requerimiento fehaciente y justificado de pago anterior a la demanda; y 2.º) Cuando se haya presentado contra el demandado previa demanda de conciliación.
>
> En estos dos supuestos el Tribunal está legalmente obligado a declarar la mala fe y, en consecuencia a imponer las costas al demandado, si bien, ello no significa que no puedan darse otros casos similares en los que también puede el Tribunal considerar que existe mala fe, en función de las circunstancias concretas que concurran, pues insistimos, los dos supuestos previstos en dicho precepto no son numerus clausus, como se desprende del término "en todo caso" que utiliza, que cuando concurran obligan a los tribunales a apreciar la mala fe, pero pueden concurrir otros supuestos distintos, en los que según la singularidad del caso el tribunal pueda apreciar mala fe a los efectos de las costas».

Condena en costas cuando el proceso termine por desistimiento. Artículo 396 de la LEC

Si el proceso terminara por desistimiento del actor que no haya de ser consentido por el demandado, aquel será condenado a todas las costas.

Si el desistimiento que pusiere fin al proceso fuere consentido por el demandado o demandados, no se condenará en costas a ninguno de los litigantes.

Apelación en materia de costas. Artículo 397 de la LEC

Para resolver en segunda instancia el recurso de apelación en el que se impugne la condena o la falta de condena en las costas de la primera instancia será de aplicación lo dispuesto en el art. 394 de la LEC.

Al respecto, aclara la **sentencia del Tribunal Supremo n.º 348/2021, de 20 de mayo, ECLI:ES:TS:2021:2120,** en los siguientes términos: «(...) en el art. 397 LEC, de modo que la LEC 1/2000, de 7 de enero, ha optado porque la función de unificación que corresponde a los órganos jurisdiccionales no vaya más allá del ámbito de cada Audiencia Provincial, a través de las resoluciones que dicten en grado de apelación; asimismo esa expresa referencia al recurso de apelación en materia de costas, sin mención del recurso extraordinario patentiza que sólo se contempla el devolutivo ordinario. Criterio el expuesto que constituye doctrina reiterada de esta Sala"».

Condena en costas en apelación y recurso de casación. Artículo 398 de la LEC

En caso de recurso de apelación, en cuanto a las costas del recurso, se aplicará lo dispuesto en el art. 394 de la LEC.

La desestimación total del recurso de casación llevará aparejada la imposición de costas a la parte recurrente, salvo que la sala aprecie circunstancias especiales que justifiquen otro pronunciamiento.

Cuando el recurso de casación fuera estimado total o parcialmente, no se impondrán las costas a ninguna de las partes.

A TENER EN CUENTA. Este art. 398 de la LEC fue modificado por el Real Decreto-ley 6/2023, de 19 de diciembre, con entrada en vigor el 20 de marzo de 2024, quedando con el régimen que acaba de exponerse.

CUESTIÓN

Si el recurrente desiste del recurso de casación por desaparición sobrevenida del interés casacional, ¿se le condenará en costas?

No, sobre este asunto se ha pronunciado el Tribunal Supremo en el *auto, rec. 4355/2021, de 6 de febrero de 2024, ECLI:ES:TS:2024:1340A*, en el que establece:

«Esta sala ha reiterado en numerosas resoluciones que el desistimiento en un recurso extraordinario comporta la condena en costas para la parte que lo interpuso, ya que crea una situación que equivale a su desestimación (AATS de 15 de junio de 2016, rec. 1923/2013, y 29 de junio de 2016, rec. 1471/2015). Y que resulta aplicable, en tal caso, el art. 398.1 LEC, que remite al art. 394 LEC. Todo ello al margen de que, si no ha existido actuación procesal alguna de la contraparte, no se practique la posterior tasación de costas (entre otros, autos de 4 de noviembre de 2015, rec. 2400/2014, y 13 de julio de 2016, rec. 1466/2015).

No obstante, en atención al carácter no preceptivo de la imposición de costas en la regulación del desistimiento por el art. 450 LEC, es también reiterado el criterio de no hacer pronunciamiento alguno sobre costas cuando haya conformidad de las partes sobre su no imposición (en este sentido, autos de 4 de marzo de 2015, rec. 191/2014, 24 de septiembre de 2013, rec. 2732/2012, 9 de octubre de 2012, rec. 2178/2009, y 14 de septiembre de 2010, rec. 977/2009).

Y también como excepción, en ocasiones, esta sala ha tenido en cuenta el carácter sobrevenido de la desaparición del interés casacional para decidir la no imposición de costas al recurrente desistido (así, autos de 20 de mayo de 2015, rec. 1269/2014, 17 de febrero de 2016 rec. 3267/2012 y 24 de febrero de 2016, rec. 3357/2012). Si bien, como declaramos en el auto de 15 de junio de 2016 (rec. 1923/2013), "la no condena en costas en estos supuestos pasa porque se produzca una auténtica situación de desaparición sobrevenida del interés casacional, esto es, que la cuestión controvertida quede definitivamente resuelta en un momento posterior, de forma que la parte recurrente no haya dispuesto de la oportunidad de desistir y apartarse del recurso antes, para no ocasionar gastos a la parte contraria"».

4.2. El procedimiento testigo

El nuevo procedimiento testigo del artículo 438 bis de la LEC

El 20 de marzo de 2024 han entrado en vigor todas las novedades introducidas por el RD-ley 6/2023, de 19 de diciembre, y una de las más importantes es la creación del llamado «**procedimiento testigo**», tanto en el orden civil como en el laboral.

En este artículo nos centraremos en el «procedimiento testigo» en el orden civil, que se encontrará regulado en el artículo 438 bis de la LEC.

‖ Objeto del procedimiento testigo

El objeto de este novedoso procedimiento es el de tramitar de una manera más eficaz y eficiente procedimientos en los que se presenten distintas **demandas en las que se ejerciten acciones individuales relativas a condiciones generales de contratación, mediante las que se pretenda la resolución de conflictos notablemente idénticas, sin necesidad de tramitar todas ellas.**

Así, con este nuevo procedimiento, se pretende evitar, la «tramitación simultánea o sucesiva de procedimientos judiciales sustancialmente idénticos en aras de garantizar un principio de economía procesal concebido de una manera mucho más amplia».

De este modo, se pretende evitar la litigación en masa y además reforzar la uniformidad y homogeneidad en los pronunciamientos en este tipo de procedimientos.

ǀ ¿Cómo se accede a este procedimiento testigo?

En el caso de que una demanda con la que el actor o actora pretenda ejercitar una acción individuales relativas a condiciones generales de contratación (art. 250.1.14.º de la LEC) el letrado o la letrada de la Administración de Justicia dará cuenta al tribunal, con carácter previo a la admisión de la demanda, siempre y cuando considere:

- La demanda incluye pretensiones que ya están siendo objeto de procedimientos anteriores planteados por otros litigantes.
- No es preciso realizar un control de transparencia de la cláusula.
- No es preciso valorar la existencia de vicios en el consentimiento del o la contratante.
- Las condiciones generales de contratación cuestionadas tienen identidad sustancial.

CUESTIÓN

¿El «procedimiento testigo» podrá solicitarse por la parte demandada o únicamente podrá instarse por la parte demandante?

Podrá solicitar tanto la parte actora como la parte demandada en su escrito de demanda o, en su caso de contestación que el procedimiento se someta a los cauces del «procedimiento testigo» pero, siempre y cuando concurran las circunstancias señaladas en los puntos mencionados anteriormente.

De esta forma, y una vez examinado el asunto, el tribunal **mediante auto resolverá acordando la suspensión del curso de las actuaciones y, de esta manera, nace el «procedimiento testigo»**, o en su caso, dictará providencia acordando seguir con la tramitación del procedimiento.

Pero ¿cómo seguirá el curso de las actuaciones en caso de que nazca el «procedimiento testigo»? Como ya se ha dicho, el tribunal dictará auto acordando la suspensión, y con el mismo se remitirán las copias de las actuaciones que consten en el «procedimiento testigo», qué a juicio del tribunal, permitan apreciar las circunstancias que dieron lugar a la suspensión, y así quedará unido al procedimiento testimonio de las mismas.

Por lo tanto, el «procedimiento testigo» tendrá **tramitación preferente**.

CUESTIÓN

¿Contra el auto que acuerde la suspensión cabrá recurso?

Sí, cabrá recurso de apelación que, como es lógico, también tendrá tramitación preferente y urgente.

A continuación, habrá que esperar a que la **sentencia del «procedimiento testigo» adquiera firmeza** y, posteriormente el tribunal dictará **providencia** en la que indicará si considera procedente o, por el contrario, no lo considera, la continuación del procedimiento suspendido. Para ello el tribunal, tendrá en cuenta si en el «procedimiento testigo» han quedado, o no, resueltas todas las cuestiones planteadas en el mismo en la sentencia del «procedimiento testigo».

En caso de que no hayan quedado todas las cuestiones resueltas en la sentencia del «procedimiento testigo», en la referida providencia se relacionaran todas ellas y se dará traslado al demandante del procedimiento suspendido que tendrá un plazo de 5 días para solicitar:

- El **desistimiento** de sus pretensiones.
- La **continuación** del procedimiento suspendido, indicando las razones o pretensiones que deben ser, a su juicio, resueltas.
- La **extensión de los efectos de la sentencia** dictada en el «procedimiento testigo».

CUESTIÓN

Para el caso en el que el demandante decida el desistimiento de sus pretensiones, ¿será condenado en costas?

No, cuando el demandante decida desistir de sus pretensiones el o la LAJ dictará decreto acordando el desistimiento sin condena en costas.

¿Cómo se ha de actuar en los casos en los que el demandante decida continuación del procedimiento suspendido?

En este caso el o la LAJ alzará la suspensión y acordará, por tanto, la continuación del proceso en los términos que la parte demandante mantenga, indicando las razones o pretensiones que deben ser, a su juicio, resueltas.

Si bien, en los casos en los que el tribunal hubiera expresado en la mencionada providencia, que no es necesario continuar el procedimiento suspendido y se dicte sentencia estimando íntegramente la parte de la demanda que coincida sustancialmente con aquello que fue resuelto en el «procedimiento testigo», **habrá riesgo a una condena en costas,** ya que, si el tribunal lo razona, podrá disponer que cada parte abone sus propias costas y las comunes por mitad.

¿Cómo se ha de actuar en los casos en los que el demandante solicita la extensión de efectos de la sentencia del «procedimiento testigo»?

En estos casos, habrá que acudir a lo establecido en el artículo 519 de la LEC relativo a la «acción ejecutiva de consumidores y usuarios fundada en sentencia de condena sin determinación individual de los beneficiados. Extensión de efectos de sentencias dictadas en procedimientos en los que se hayan ejercitado acciones individuales relativas a condiciones generales de la contratación».

Así, los efectos de una sentencia que reconozca una situación jurídica individualizada y que, de haberse dictado en primera instancia, hubiera adquirido firmeza tras haber sido recurrida ante la Audiencia Provincial, podrán extenderse a otras siempre y cuando concurran las siguientes circunstancias:

– Que los interesados se encuentren en idéntica situación jurídica que los favorecidos por el fallo.

– Que se trate del mismo demandado, o quien le sucediera en su posición.

– Que no sea preciso realizar un control de transparencia de la cláusula.

– Que no sea preciso valorar la existencia de vicios en el consentimiento del contratante.

– Que las condiciones generales de contratación tengan identidad sustancial con las conocidas en la sentencia cuyos efectos se pretende extender.

– Que el órgano jurisdiccional sentenciador o competente para la ejecución de la sentencia cuyos efectos se pretenda extender fuera también competente, por razón del territorio, para conocer de la pretensión.

Y, ¿cómo se llevará a cabo la solicitud de extensión de la sentencia? La misma se planteará por medio de un escrito en el que se indicará lo siguiente:

– Número de procedimiento en el que se hubiera dictado la sentencia cuyos efectos se pretende extender.

– La concreta pretensión, que podrá ser de anulación, de cantidad, o ambas.

- La identidad de la situación jurídica.

- Número de cuenta bancaria, en la que, eventualmente puedan realizarse ingresos.

- En su caso, la documentación en la que se funde la pretensión.

Pero **¿qué plazo habrá para presentar el escrito de solicitud de extensión de la sentencia?** El plazo será de máximo 1 año desde la firmeza de la sentencia cuyos efectos se pretenden extender.

Una vez presentada la referida solicitud, se dará traslado de la misma por 10 días a la parte condenada en el procedimiento previo, y esta podrá, allanarse u oponerse a dicha solicitud.

En caso de oposición por parte de la parte condenada a la extensión de los efectos de la sentencia, la misma deberá acompañar con su escrito de oposición la documentación en que funde la misma, pero en caso de que la documentación ya obrara en autos, podrá simplemente identificar la misma.

Y si la parte condenada no contesta en el plazo de 10 días se entenderá que muestra conformidad con la solicitud de extensión.

Y finalmente, y sin más trámite, en los 5 días siguientes a los que se dicte auto accediendo en todo o en parte a la solicitud de extensión de efectos, donde podrá fijarse la cantidad debida o bien, rechazándola, pero no podrá reconocer una situación jurídica distinta a la definida en la sentencia firme de que se trate.

En cuanto a las **costas**, en este caso habrá que estar a dos situaciones distintas:

- El auto accede total o parcialmente a la extensión de efectos y hubiera habido oposición: En este caso atenderemos a lo establecido en el artículo 394 de la LEC sobre la condena en las costas de la primera instancia. Así, las cosas se impondrán a la parte que haya visto rechazadas todas sus pretensiones salvo que el tribunal, aprecie y razone, que el caso presentaba serias dudas de hecho o de derecho.

En caso de que la estimación o desestimación fuera parcial, cada parte abonará las costas causas a su instancia y las comunes por mitad, a no ser que hubiere méritos para imponerlas a una de ellas por haber litigado con temeridad.

- El auto rechaza la solicitud de extensión de efectos: En este caso no se hará pronunciamiento condenatorio sobre las costas, sin perjuicio de poder acudir al juicio declarativo que proceda.

CUESTIONES

1. Contra el auto que resuelva extender efectos en todo o en parte, o que lo deniegue, ¿qué recurso se podrá interponer?

Este auto será susceptible de recurso de apelación que será de tramitación preferente.

2. Para el caso de que la parte condenada no realizara el ingreso voluntariamente en la cuenta bancaria designada al efecto por el solicitante de extensión de efectos, ¿cómo habrá que proceder?

La parte interesada podrá instar la ejecución del auto que acuerde la extensión de efectos, y como título ejecutivo se utilizará el testimonio del auto que acuerde la extensión de efectos.

Y finalmente, en los casos en los que el **auto deniegue la extensión de efectos**, el actor podrá acudir a la vía declarativa interponiendo la pertinente **demanda de juicio verbal**.

ANEXO 1.
CASOS PRÁCTICOS

Caso práctico | Intereses usurarios tarjeta *revolving*

PLANTEAMIENTO

El 13 de febrero de 2013 «A» suscribe un contrato de tarjeta revolving con su entidad bancaria. En el contrato se establece un interés remuneratorio del 27,24 %.

«A» pretende demandar a la entidad bancaria solicitando la nulidad del contrato de la tarjeta revolving por entender que contiene una cláusula de interés remuneratorio usurario.

¿Tendrá éxito la pretensión de «A»?

RESPUESTA

En primer lugar, cabe señalar que la cuestión relativa a la fijación de un criterio objetivo para poder valorar cuándo es usurario el interés remuneratorio de las tarjetas *revolving*, ha sido resuelta por el **Tribunal Supremo en su sentencia n.º 258/2023, de 15 de febrero, ECLI:ES:TS:2023:442.**

Pues bien, en el presente caso y tomando como base los argumentos establecidos por la sentencia anteriormente citada, habrá de determinarse cuál era el tipo de interés medio para las tarjetas revolving en el año 2013 y concretamente el día 13 de febrero de 2013 (fecha de suscripción del contrato).

Partiendo de lo establecido en las tablas publicadas por el Banco de España en la fecha indicada el tipo de interés TEDR para tarjetas *revolving*, este era del 20,86 %.

Así, y de acuerdo con la referida sentencia del Tribunal Supremo, para determinar el interés medio TAE se han de añadir entre 20 o 30 centésimas por encima del TEDR.

Por lo tanto, el TAE medio para el 13 de febrero de 2013 sería como máximo de 21,16 % y añadiéndole los 6 puntos que establece el Alto Tribunal, el umbral a partir del cual se consideran usuarios los intereses remuneratorios se situaría en el 27, 16 %, por lo que, el contrato suscrito por «A» con su entidad bancaria superaría dicho umbral.

En conclusión, los intereses remuneratorios establecidos en el contrato sí se considerarán usurarios y «A» posiblemente obtendría éxito en su pretensión.

Para la resolución del presente caso se ha tomado como referencia la **sentencia de la Audiencia Provincial de Madrid n.º 274/2023, de 29 de mayo, ECLI:ES:APM:2023:9734.**

Caso práctico | Simulación vencimiento de una tarjeta *revolving*

PLANTEAMIENTO

Contratada una tarjeta *revolving* a 15 de enero de 2021 con un tipo de interés del 20 % y una cuota mensual de 50 euros, a día 27 de octubre de 2023 me quedan pendientes por abonar 2.253 euros. ¿Cuál será la fecha de vencimiento de la última cuota de la tarjeta *revolving*?

RESPUESTA

Siendo las tarjetas *revolving* productos ofertados por las entidades para la obtención rápida de liquidez que consisten en créditos de pequeña cuantía, con intereses elevados y cuotas mensuales pequeñas, el Banco de España ha puesto a disposición de los clientes un simulador que, disponiendo de determinados datos, les permite calcular la fecha de vencimiento de la última cuota de la tarjeta.

Así en este caso:

- – Fecha de referencia: 27/10/2023.
- – Capital pendiente: 2.253 euros.
- – Tipo de interés: 20 %.
- – Cuota mensual: 50 euros.

La simulación arrastraría el siguiente resultado:

- – Fecha última cuota: 27/11/2030.
- – Importe última cuota: 5,61 euros.
- – Intereses: 1.952,61 euros.
- – Total a pagar: 4.205,61 euros.

> **A TENER EN CUENTA**. Si el importe pendiente fuera superior, en las mismas condiciones, la deuda podrá convertirse en indefinida, y así lo advierte el simulador del Banco de España, por ejemplo, cuando el capital pendiente es de 3.000 euros.

Caso práctico | ¿Cuándo se determina el carácter usurario de los intereses?

PLANTEAMIENTO

«A» celebra con la entidad «B» un contrato de crédito mediante el uso de una tarjeta revolving en la que se fija un interés del 15,9 % TAE. En el contrato se contempla una cláusula por la que se faculta a «B» a modificar el tipo de interés sin atender a un índice de referencia legal previa notificación a «A» que podrá dar por terminado el contrato, devengando las cantidades pendientes de pago intereses al tipo pactado.

En respuesta a dicha cláusula, «B» fue actualizando la TAE, pasando a 17,9 % primero y 26,9 % después, cancelándose el contrato durante la vigencia de esta última. Reclamada la cantidad pendiente por «B» y reconviniendo «A» el carácter usurario del contrato y la abusividad de la cláusula que permite la modificación unilateral del tipo de interés, ¿en qué momento habrá de determinarse en este caso el carácter usurario del interés de la operación crediticia?

RESPUESTA

En la resolución de este supuesto resulta especialmente relevante la **sentencia del Tribunal Supremo n.º 317/2023, de 28 de febrero, ECLI:ES:TS:2023:786,** que contempla un caso idéntico al planteado.

Con carácter general, cabe recordar que para determinar el carácter usurario de un tipo de interés la jurisprudencia actual (STS n.º 258/2023, de 15 de febrero, ECLI:ES:TS:2023:442) estipula lo siguiente:

- Para determinar el interés normal del dinero se atenderá a la información de las estadísticas del Banco de España relativa a las tarjetas *revolving* más próxima en el tiempo.

- Tales estadísticas arrojan valores relativos al TEDR, por lo que la TAE, que contempla también las comisiones, será ligeramente superior (entre 20 y 30 centésimas).

- Se ha fijado como criterio para determinar el carácter usurario de las *tarjetas revolving* que «(...) la diferencia entre el tipo medio de mercado considerado como "interés normal del dinero" y el convenido en el contrato cuestionado como usurario superara los 6 puntos porcentuales».

- El momento para hacer la comparación entre la TAE de la operación crediticia cuestionada como usuraria y la TAE considerada interés normal del dinero ha de ser el de la celebración del contrato (STS n.º 149/2020, de 4 de marzo, ECLI:ES:TS:2020:600).

Lo peculiar del caso planteado se refiere a este último punto, en tanto en el contrato celebrado se permite fijar unilateralmente por la entidad el tipo de interés de modo que la TAE, como ya se ha dicho, va incrementando con el paso del tiempo, es por ello por lo que no se puede atender al momento de la celebración del contrato para determinar el carácter usurario del interés en tanto este no es el mismo durante toda la vigencia de aquel.

Pues bien, se entiende en este caso que cada modificación del interés se considera, a efectos de determinar el carácter usurario, como concertación de un nuevo contrato, será entonces en el momento de cada actualización de la TAE cuando se analizará y determinará, en su caso, el carácter usurario del tipo de interés. Así lo declara la citada **STS n.º 317/2023, de 28 de febrero, ECLI:ES:TS:2023:786**:

> «8.- En este caso de contrato de servicios financieros de duración indeterminada, en que la entidad acreedora puede modificar el tipo de interés, sin atenerse a un índice legal, ajustándose a las exigencias del art. 85.3 del texto refundido de la Ley General para la Defensa de los Consumidores y Usuarios, ha de considerarse, a efectos de la aplicación de la Ley de Represión de la Usura, que cada modificación del interés supone la concertación de un nuevo contrato, en el que se fija un nuevo tipo de interés, y que a partir de ese momento el contrato crediticio puede ser considerado usurario si el nuevo tipo de interés de la operación es notablemente superior al interés normal del dinero en aquel momento y manifiestamente desproporcionado a las circunstancias concurrentes.
>
> (...)
>
> 10.- Una solución diferente llevaría a la consecuencia absurda de que bastaría que en un momento inicial la entidad financiera fijara un tipo de interés moderado para que el contrato crediticio mediante tarjeta no pudiera ser considerado usurario pese a que la entidad financiera se reservara la facultad de elevar, en cualquier momento, de forma unilateral, sin atender a un índice legal, el tipo de interés hasta cotas muy superiores al interés normal del dinero y desproporcionadas a las circunstancias concurrentes».

Caso práctico | Tarjetas *revolving* e intereses usurarios. TEDR y TAE

PLANTEAMIENTO

¿Cómo se ajusta el TEDR (Tipo Efectivo Definición Restringida) a la TAE (Tasa Anual Equivalente) a los efectos de determinar el carácter usurario del tipo de interés?

RESPUESTA

En este caso resulta interesante la sentencia de la **Audiencia Provincial de Madrid n.º 505/2023, de 6 de septiembre, ECLI:ES:APM:2023:13401**.

A los efectos de determinar el interés notablemente superior al normal del dinero y el consiguiente carácter usurario del tipo de interés, la jurisprudencia ha venido declarando que habrá de estarse a la información estadística facilitada por el Banco de España. En ella se hace referencia en la actualidad a las tarjetas *revolving* como categoría específica y, por lo tanto, habrá de sujetarse a los valores que respecto de ellas se fijen.

Concretamente, tras la **sentencia del Tribunal Supremo n.º 258/2023, de 15 de febrero, ECLI:ES:TS:2023:442**, el criterio para fijar el carácter usurario en las tarjetas *revolving* es el siguiente: «la diferencia entre el tipo medio de mercado y el convenido sea superior a 6 puntos porcentuales».

No obstante, cabe aclarar que la información del Banco de España no hace referencia a la TAE sino al TEDR que se corresponde con la TAE sin comisiones, por lo tanto, como es esta última la que se tiene en cuenta para hacer la comparación necesaria a los efectos de determinar la diferencia de los 6 puntos porcentuales es necesario concretar cuál será la TAE en el caso concreto.

La jurisprudencia ha entendido que partiendo de la información estadística del Banco de España que proporciona el TEDR este debe ajustarse a los efectos de fijar la TAE añadiendo las comisiones lo que viene a responder a un incremento de entre 20 y 30 centésimas.

Así, declara al respecto la **SAP de Madrid n.º 505/2023, de 6 de septiembre**:

> «Aplicando dicha doctrina jurisprudencial al supuesto objeto de recurso, en el que estamos ante un contrato de tarjeta de crédito revolving, en el que se fijó un interés remuneratorio TAE del 26,82%, debemos aplicar las tablas del Banco de España 19.4 a la fecha de la contratación, el 9 de julio de 2012, que establecen los tipos medios a aplicar en las tarjetas revolving en el TEDR 20,90%, por lo que la diferencia entre el tipo medio de mercado y el convenido es inferior a 6 puntos porcentuales, aplicando un incremento de 20 o 30 centésimas para ajustarlo al TAE, que sería del 27,20%. El interés remuneratorio pactado no es usurario».

ANEXO 2.
FORMULARIOS

Modelo de reclamación a la entidad bancaria de devolución de cantidades por nulidad de tarjeta revolving con intereses usurarios

AL SERVICIO DE ATENCIÓN AL CLIENTE DE LA ENTIDAD [NOMBRE]

En [CIUDAD] a [DIA] de [MES] de [AÑO]

Asunto: «Cláusula de interés remuneratorio en tarjeta revolving por aplicación de interés usurario»

Muy Señor/a Mío/a:

Yo, [NOMBRE_CLIENTE] con DNI [NIF_CIF_DNI_CLIENTE], remito este escrito, en relación a la contratación con esta entidad bancaria de la tarjeta de crédito, denominada *revolving*, n.º [NUMERO], en concreto con la cláusula n.º [NUMERO] de interés remuneratorio.

Por medio del presente escrito presento reclamación por adolecer la misma de vicios de nulidad, de acuerdo con el Código Civil y demás legislación aplicable, por ser dicha cláusula abusiva incumpliendo los requisitos del control de incorporación y transparencia, propios del control de las condiciones generales en contratos celebrados con consumidores, y por tener el carácter de usurario ese tipo de interés.

Como expongo, dicha cláusula incumple con los requisitos de transparencia definidos por el **Tribunal Supremo en la sentencia n.º 241/2013, de 9 de mayo de 2013**, además de contar con un carácter usurario e incumplir, por tanto, la Ley de 23 de julio de 1908, de Represión de la Usura.

La **sentencia del Tribunal Supremo, n.º 258/2023, de 15 de febrero, ECLI:ES:TS:2023:442**, dispone que una diferencia de más de 6 puntos entre el TAE estipulado en el contrato de tarjeta *revolving* y el interés medio del mercado determinará la existencia de usura:

> «Hasta ahora este Tribunal Supremo no ha fijado un criterio uniforme para cualquier contrato, sino que ha ido precisándolo para cada caso controvertido.
> En la sentencia 628/2015, de 25 de noviembre, razonó que la TAE del contrato (24,6%) era superior al doble del tipo medio de referencia. Lo anterior no significa que el umbral de lo usurario estuviera fijado en todo caso en el doble del interés medio de referencia. De hecho en la posterior sentencia 149/2020, de 4 de marzo, la TAE del contrato era 26,82% y el tipo medio de referencia algo superior al 20% anual, y sin llegar ni mucho menos al doble del tipo de referencia, se declaró usurario en atención a la diferencia de puntos porcentuales, más de seis, que se consideró muy relevante. (...)
> "(...) una diferencia tan apreciable como la que concurre en este caso entre el índice tomado como referencia en calidad de "interés normal del dinero" y el tipo de interés fijado en el contrato, ha de considerarse como "notablemente superior" a ese tipo utilizado como índice de referencia, a los efectos que aquí son relevantes".

En la medida en que el criterio que vamos a establecer lo es sólo para un tipo de contratos, los de tarjeta de crédito en la modalidad revolving, en los que hasta ahora el interés medio se ha situado por encima del 15%, por lo argumentado en la citada sentencia 149/2020, de 4 de marzo, consideramos más adecuado seguir el criterio de que la diferencia entre el tipo medio de mercado y el convenido sea superior a 6 puntos porcentuales».

Por ello, vengo a solicitar la nulidad de dicha cláusula en base al artículo 1 de la Ley de 23 de julio de 1908, de Represión de la Usura, que establece:

«Será nulo todo contrato de préstamo en que se estipule un interés notablemente superior al normal del dinero y manifiestamente desproporcionado con las circunstancias del caso [...]».

Y, además, la devolución de las cantidades pagadas de más por aplicación de un tipo de interés usurario, más intereses, ya que como expone la **sentencia del Tribunal Supremo, n.º 628/2015, de 25 de noviembre, ECLI:ES:TS:2015:4810**: «no puede justificarse la fijación de un interés notablemente superior al normal del dinero por el riesgo derivado del alto nivel de impagos anudado a operaciones de crédito al consumo concedidas de un modo ágil (en ocasiones, añadimos ahora, mediante técnicas de comercialización agresivas) y sin comprobar adecuadamente la capacidad de pago del prestatario, pues la concesión irresponsable de préstamos al consumo a tipos de interés muy superiores a los normales, que facilita el sobreendeudamiento de los consumidores, no puede ser objeto de protección por el ordenamiento jurídico. Por tanto, la justificación de esa importante diferencia entre el tipo medio aplicado a las tarjetas de crédito y revolving no puede fundarse en esta circunstancia».

Además, les vengo a solicitar toda la información relativa a la contratación de esta tarjeta de crédito, de acuerdo con lo estipulado en el artículo 30 del Código de Comercio:

– El contrato de tarjeta de crédito, revolving, firmado por esta parte, de acuerdo con lo referido en el apartado 2 del art. 7 de la Orden EHA/2899/2011, de 28 de octubre, de transparencia y protección del cliente de servicios bancarios.

– Liquidación detallada de las cantidades pagadas por esta parte.

– Cuadro de amortización del crédito.

Por todo ello, vengo a solicitar que:

– Se declare la nulidad del contrato de tarjeta *revolving*, por su carácter abusivo y usurario.

– Se proceda a la devolución de las cantidades pagadas de más por la aplicación de un tipo de interés usurario, más intereses.

Si transcurrido el plazo de dos meses no he recibido respuesta por su parte o fuera desestimatoria de mis pretensiones, se procederá por esta parte a emprender las acciones judiciales pertinentes.

Sin más, reciban un cordial saludo.

Atentamente,

[FIRMA]

Demanda de nulidad de cláusula del interés de contrato de tarjeta *revolving*

> **A TENER EN CUENTA**. Por la reforma realizada por la LO 1/2025, de 2 de enero, una vez implantados de forma efectiva los tribunales de instancia (D.T. 1.ª), todas las referencias realizadas a los juzgados unipersonales se entenderán realizadas a las secciones del orden jurisdiccional correspondiente de los tribunales de instancia.

AL JUZGADO DE PRIMERA INSTANCIA N.º [NUMERO] [LOCALIDAD] **(1)**

D./D.ª [NOMBRE_PROCURADORCLIENTE], procurador/a de los tribunales, actuando en nombre y representación de D./D.ª [NOMBRE_CLIENTE], con domicilio afecto a notificaciones en C/ [DOMICILIO], y provisto/a de D.N.I. número [NUMERO] tal y como se acredita en el poder para pleitos que se adjunta al presente como documento n.º 1, ante el juzgado comparezco, bajo la dirección letrada de D./D.ª [NOMBRE], letrado/a del Ilustre Colegio de Abogados de [LOCALIDAD] número [NUMERO] y, como mejor proceda en derecho, respetuosamente,

DIGO

Que por medio del presente escrito vengo a presentar DEMANDA DE JUICIO VERBAL ejercitando acción de nulidad de la cláusula que regula los intereses remuneratorios (inserta en la cláusula [NUMERO]) por no superar el control de incorporación y/o transparencia contra:

[NOMBRE_PARTECONTRARIA], con CIF n.º [NUMERO] y domicilio sito en [DOMICILIO].

Todo ello en base a los fundamentos de derecho que se dirán y en los siguientes,

HECHOS

PREVIO.- Sobre la documentación facilitada por la demandada

Esta parte realizó, con fecha [FECHA] y a través de correo postal, una reclamación inicial (que se adjunta como documento n.º 2) por la que se solicitó la nulidad del contrato y la aportación de la documentación que mi representada nunca tuvo en su poder.

La entidad demandada contestó a dicho correo, con fecha [FECHA], adjuntando la siguiente documentación:

[ESPECIFICAR] **(2)**

PRIMERO.- De las condiciones del contrato

Con fecha [FECHA], D./D.ª [NOMBRE_CLIENTE] se encontraba en su domicilio, cuando un agente comercial *a puerta fría* **(3)** le ofreció los servicios de la tarjeta de crédito «[NOMBRE]», procediendo mi mandante a formalizar in situ la solicitud de tarjeta de crédito ofertada.

Esta tarjeta, comúnmente denominada *revolving* o revolvente, es una línea de crédito que permite sucesivas disposiciones (variables en importe) hasta el límite concedido, que se va reponiendo en cuanto se va devolviendo (de ahí su carácter indefinido), durante toda la vida del contrato. Es decir, el capital disponible y los plazos se minoran o amplían en base a los reintegros que realiza el cliente.

El reverso de la solicitud que adjuntamos recoge todas las condiciones del préstamo. No obstante, para el caso que nos ocupa, nos interesa saber cuáles son las condiciones económicas del contrato, es decir, lo que le va a costar al consumidor. En este sentido determina:

– Cláusula [NUMERO] «Condiciones económicas»:

1. Tipo de interés nominal anual: [PORCENTAJE] % (hoy en día se ha modificado y asciende a [PORCENTAJE] %)

2. Tasa Anual Equivalente (TAE): [PORCENTAJE] % (hoy en día se ha modificado y asciende a [PORCENTAJE] %)

3. Tipo de interés nominal anual para disposiciones de efectivo: [PORCENTAJE] % (hoy en día se ha modificado y asciende a [PORCENTAJE] %)

4. Tasa Anual Equivalente (TAE) para disposiciones de efectivo: [PORCENTAJE] % (hoy en día se ha modificado y asciende a [PORCENTAJE] %.

5. Comisiones relevantes: [ESPECIFICAR]

– Cláusula [NUMERO] «Modalidades de pago»: Es la cláusula donde se determina el importe de cuota mensual y lo que se amortiza de principal en la misma.

SEGUNDO.- Sobre la nulidad de la cláusula que regula el interés remuneratorio, inserta en las Condiciones Generales, por no superar el doble control de transparencia

D./D.ª [NOMBRE_CLIENTE] desconocía la carga económica que realmente supondría para él el contrato celebrado (esto es, el sacrificio patrimonial realizado a cambio de la prestación económica que se quiere obtener) y es que con un solo vistazo al documento de solicitud de tarjeta (doc. 4), se constata que las condiciones esenciales del contrato, y en especial las que determinan las condiciones económicas como son los intereses remuneratorios, se contemplan en el anexo final de las condiciones generales del contrato, en unos caracteres prácticamente ilegibles debido a su diminuto tamaño, y enmascaradas en una abrumadora cantidad de información (redactada de manera farragosa y de muy difícil comprensión), quedando diluidas en la atención del consumidor, del que no puede esperarse que agote la lectura del farragoso documento hasta llegar a la parte más importante. En la primera página de la solicitud, firmada por mi mandante, no se hace figurar ni una sola de las condiciones económicas esenciales ya que simplemente se dedica a recoger las circunstancias de identificación del contratante.

Es decir, mi representado/a no ha obtenido, antes de la conclusión del contrato, la información necesaria para poder tomar la decisión de contratar con pleno conocimiento de causa, incumpliendo de esta manera con el principio de transparencia, deviniendo la cláusula del interés remuneratorio en nula por falta de transparencia.

Es por ello que la cláusula que determina el interés remuneratorio **NO SUPERA NINGUNO DE LOS DOS CONTROLES DE TRANSPARENCIA** determinado por **sentencia del Tribunal Supremo, n.º 241/2013, de 9 de mayo, ECLI:ES:TS:2013:1916,** que establece que para que una cláusula sea válida debe superar ambos controles de transparencia, que son: el control de incorporación y el control de transparencia propiamente dicho.

Es decir, mi mandante no sólo no ha tenido información suficiente como para saber cómo incide la cláusula del interés remuneratorio en la economía del contrato, sino que, además, el adherente no ha tenido oportunidad de conocerla al tiempo del contrato y ésta es ilegible, ambigua, oscura e incomprensible **NO SUPERANDO EL DOBLE CONTROL DE TRANSPARENCIA ESTABLECIDO POR EL TRIBUNAL SUPREMO.**

La cláusula que regula los intereses no supera el control de incorporación, porque mi representado/a no ha tenido posibilidad de conocerla al momento de celebrarse el contrato y por incumplir los criterios de transparencia, claridad, concreción y sencillez legalmente exigidos, con la consecuencia jurídica de que tales condiciones se entiendan no incorporadas al contrato, deviniendo en inefectivas, por inexistentes. Las condiciones contractuales establecidas de tal modo no dan por tanto cumplida observancia al requisito de su aceptación expresa mediante la firma del/de la adherente.

Además, tampoco supera el control de transparencia propiamente dicho ya que el contrato se formalizó SIN MAYOR INFORMACIÓN que el producto adquirido por mi mandante es una tarjeta que le sirve para devolver el dinero dispuesto en cuotas, pero con total desconocimiento de las consecuencias económicas de dicho producto tan sumamente difícil de amortizar a causa de los altos intereses y comisiones que genera, sumados a la cuota tan baja con las que se emite por defecto (con la escasa amortización que ello implica).

Mi mandante no tenía, ni tiene, conocimiento de la carga onerosa que la concertación de la operación de crédito le supone, es decir, en el momento de la firma, era un auténtico desconocedor de las consecuencias económicas de lo que estaba firmando, no solo debido a la ilegibilidad del contrato sino porque, de la lectura de la cláusula, un consumidor medio no puede darse por informado del coste real del contrato.

TERCERO.- De los efectos de la nulidad

Se deberá dejar la cláusula sin efecto, sin que pueda surtir efectos en el futuro, procediendo a la **DEVOLUCIÓN DE LAS CANTIDADES INDEBIDAMENTE COBRADAS** por la aplicación de la cláusula declarada nula, en virtud del art. 1303 del CC. No procede su moderación o integración, por ello, el contrato continuará vigente sin aplicación de dicha cláusula y, si de la liquidación que se realice resulta que mi mandante no ha pagado, a fecha de la Sentencia, el capital principal, este se devolverá en función de lo establecido en el contrato sin aplicación de las cláusulas cuya nulidad se solicita.

A los anteriores hechos resultan de aplicación los siguientes,

FUNDAMENTOS DE DERECHO

I.- JURISDICCIÓN Y COMPETENCIA

De aplicación lo dispuesto en el artículo 31 de la LEC y concordantes, en relación a lo dispuesto en la Ley Orgánica del Poder Judicial, concretamente en sus preceptos 21 y ss.

Es competente el juzgado de primera instancia al que me dirijo en virtud de los artículos 45 y 813 de la Ley de Enjuiciamiento Civil.

II.- CAPACIDAD Y LEGITIMACIÓN

En cuanto a la legitimación, se encuentra legitimada activamente la actora y pasivamente la demandada en virtud de lo dispuesto en artículo 10 de la Ley de Enjuiciamiento Civil, en relación con los artículos 3 y 4 del Real Decreto Legislativo 1/2007, de 16 de noviembre, por el que se aprueba el Texto Refundido de la Ley General para la Defensa de los Consumidores y Usuarios y otras normas complementarias y con el artículo 9 de la Ley 7/1998, de 13 de abril, de Condiciones Generales de la Contratación.

III.- POSTULACIÓN

Esta parte comparece representada de procurador/a y asistida de letrado/a de conformidad con los artículos 23 y 31 de la Ley de Enjuiciamiento Civil.

IV.- PROCEDIMIENTO

Se sustanciará por los trámites del juicio verbal en virtud del apartado 1 del art. 250 de la LEC, en su punto 14.

V.- CUANTÍA

Cumpliendo lo prevenido en el apartado 1 del art. 253 LEC, se hace constar que la cuantía de esta demanda es **INDETERMINADA** toda vez que esta parte no dispone de los medios adecuados para realizar una efectiva cuantificación de las consecuencias económicas de la nulidad, sino que los medios los dispone la entidad bancaria.

Es decir, hemos de poner de relieve que las consecuencias de la declaración de nulidad de las condiciones generales o de la nulidad del contrato no son las mismas a fecha de presentación de esta demanda que a fecha que en su día se dicte Sentencia, pues mi representado sigue abonando las cuotas mensuales de su préstamo. Es decir, toda vez que el préstamo continúa vigente a día de hoy, las cantidades en el futuro serán diferentes a las actuales tras la aplicación unilateral por el banco de los diferentes conceptos. Además de que le consta a esta parte que la entidad demandada ha realizado cobros a lo largo de la vida del préstamo en concepto de intereses de demora y comisión por impago y nada impide que siga realizando cobros por diferentes conceptos durante la sustanciación del presente procedimiento

VI.- FONDO DEL ASUNTO

PRIMERO.- Sobre la condición de consumidor y del principio *pro consumatore*

De conformidad con el art. 3 del Real Decreto Legislativo 1/2007, de 16 de noviembre por el que se aprueba el TRLGDCU: «A efectos de esta norma y sin perjuicio de lo dispuesto expresamente en sus libros tercero y cuarto, son consumidores o usuarios las personas físicas que actúen con un propósito ajeno a su actividad comercial, empresarial, oficio o profesión».

En el presente procedimiento, mi mandante, a la hora de contratar el crédito al consumo, en su condición de persona física que actúa en un ámbito ajeno a su actividad empresarial o profesional, debe tener la condición de consumidor.

También se extrae la condición de consumidor de mi mandante en virtud del art. 2.b) de la Directiva 93/13/CEE del Consejo.

SEGUNDO.- Sobre la nulidad de la cláusula del interés por no superación del doble test de transparencia

Tal y como determina la **sentencia del Tribunal Supremo, n.° 628/2015, de 25 de noviembre, ECLI:ES:TS:2015:4810**: «la normativa sobre cláusulas abusivas en contratos concertados con consumidores NO PERMITE EL CONTROL DEL CARÁCTER "ABUSIVO" DEL TIPO DE INTERÉS REMUNERATORIO en tanto que la cláusula en que se establece tal interés regula un elemento esencial del contrato, como es el precio del servicio, SIEMPRE QUE CUMPLA EL REQUISITO DE TRANSPARENCIA, que es fundamental para asegurar, en primer lugar, que la prestación del consentimiento se ha realizado por el consumidor con pleno conocimiento de la carga onerosa que la concertación de la operación de crédito le supone y, en segundo lugar, que ha podido comparar las distintas ofertas de las entidades de crédito para elegir, entre ellas, la que le resulta más favorable».

Los controles que conlleva el test de transparencia son los que comúnmente se denominan: control de incorporación y control de transparencia propiamente dicho.

Para que una cláusula sea válida, debe superar ambos. EN EL CASO QUE NOS OCUPA, LA CLÁUSULA CUYA NULIDAD SE SOLICITA, NO SUPERA NINGUNO DE LOS DOS.

La **sentencia de la Audiencia Provincial de Barcelona n.° 12/2022, de 13 de enero, ECLI:ES:APB:2022:420**, señala que «(...) el Tribunal de Justicia, desde la protección que le dispensa la directiva 93/13/CEE, no exige que el consumidor real y concreto, es decir, la persona que haya celebrado el contrato (el consumidor contratante), haya entendido la cláusula o el método de cálculo del interés. Ese análisis individual correspondería hacerlo en una acción sobre la validez del consentimiento de consumidor contratante. El análisis que corresponde hacer en una acción individual sobre nulidad de condiciones generales no se trata de un análisis subjetivo sino objetivo. Por eso el Tribunal introduce la figura del consumidor medio. Lo que exige el TJUE es que la cláusula sea compresible para un consumidor medio, tanto desde el punto de vista gramatical, como desde el punto de vista de la información a su disposición. No se trata de valorar si el consumidor contratante ha entendido la cláusula (valoración subjetiva), sino si el consumidor-contratante ha dispuesto de la información necesaria para asegurar que un consumidor medio la hubiera entendido (valoración objetiva). (STJUE 3 de marzo de 2020, C 125/18, asunto Gómez del Moral, FJ 51»**.**

La Ley de Condiciones Generales de la Contratación, en su art. 7 determina que no quedarán incorporadas al contrato las condiciones generales que «el adherente no haya tenido oportunidad real de conocer de manera completa al tiempo de la celebración del contrato».

Aunque se cumpliesen los requisitos establecidos para superar el control de incorporación, también es importante analizar si se supera el denominado «control de transparencia». En este sentido, la **sentencia del Tribunal Supremo, n.° 138/2015, de 24 de marzo, ECLI:ES:TS:2015:1279**, reiterando la doctrina jurisprudencial de la sala, dispone:

> «La transparencia documental de la cláusula, suficiente a efectos de incorporación a un contrato suscrito entre profesionales y empresarios, es insuficiente para impedir el examen de su contenido y, en concreto, para impedir que se analice si se trata de condiciones abusivas. Es preciso que la información suministrada permita al consumidor percibir que se trata de una cláusula que define el objeto principal del contrato, que incide o puede incidir en el contenido de su obligación de pago y tener un conocimiento real y razonablemente completo de cómo juega o puede jugar en la economía del contrato.
>
> Por tanto, que las cláusulas en los contratos concertados con consumidores que definen el objeto principal del contrato y la adecuación entre precio y retribución, por una parte, y los servicios o bienes que hayan de proporcionarse como contrapartida, por otra, se redacten de manera clara y comprensible no implica solamente que deban posibilitar el conocimiento real de su contenido mediante la utilización de caracteres tipográficos legibles y una redacción comprensible, objeto del control de inclusión o incorporación (arts. 5.5 y 7.b de la Ley española de Condiciones Generales de la Contratación -en adelante, LCGC). Supone, además, que no pueden utilizarse cláusulas que, pese a que gramaticalmente sean comprensibles y estén redactadas en caracteres legibles, impliquen subrepticiamente una alteración del objeto del contrato o del equilibrio económico sobre el precio y la prestación, que pueda pasar inadvertida al adherente medio».

Es decir, lo que viene a interpretar nuestro Alto Tribunal respecto del control de transparencia propiamente dicho es que, aunque la cláusula sí sea legible (que no es el caso que nos ocupa), no superará el control de transparencia si implica una alteración subrepticia del objeto del contrato o del equilibro entre precio y prestación, que pueda pasar inadvertida al adherente medio.

La **sentencia del Tribunal Supremo n.º 12/2023, de 16 de enero, ECLI:ES:TS:2023:104**, señala que «En la práctica, como ya señalaron las sentencias de esta sala 314/2018, de 28 de mayo y 57/2019, de 25 de enero, se aplica en primer lugar el filtro negativo del artículo 7 LCGC, y si se supera es necesario pasar una segunda criba, ahora positiva, que es la prevista en los arts. 5.5 y 7 de la misma Ley: la redacción de las cláusulas generales deberá ajustarse a los criterios de transparencia, claridad, concreción y sencillez, de modo que no quedarán incorporadas al contrato las que sean ilegibles, ambiguas, oscuras e incomprensibles.

El primero de los filtros mencionados, el del art. 7, consiste, pues, en acreditar que el adherente tuvo ocasión real de conocer las condiciones generales al tiempo de la celebración. La sentencia 241/2013, de 9 mayo (a la que sigue, entre otras, la sentencia 314/2018, de 28 de mayo) consideró suficiente que la parte predisponente acredite la puesta a disposición y la oportunidad real de conocer el contenido de dichas cláusulas para superar este control, independientemente de que el adherente o el consumidor realmente las haya conocido y entendido, pues esto último tendría más que ver con el control de transparencia y no con el de inclusión.

El segundo de los filtros del control de incorporación, previsto en los arts. 5 y 7 LCGC, hace referencia a la comprensibilidad gramatical y semántica de la cláusula».

Por tanto, para superar el control de incorporación, la cláusula debe estar redactada de forma clara, concreta y sencilla, permitiendo una comprensión gramatical normal y cuyo contenido haya podido ser comprendido por el adherente al tiempo de la celebración del contrato.

Además, nuestro Alto Tribunal ha fijado los criterios para declarar abusiva la cláusula que fija en el interés remuneratorio por falta de transparencia en dos sentencias dictadas en enero de 2025, siendo estas la **n.º 154/2025, de 31 de enero, ECLI:ES:TS:2025:242**, y la **n.º 155/2025, de 31 de enero, ECLI:ES:TS:2025:241**.

«(...) La transparencia de las cláusulas no negociadas en los contratos celebrados con consumidores. El TJUE ha señalado que la exigencia de transparencia de las cláusulas no negociadas en contratos celebrados con consumidores que resulta de los arts. 4.2 y 5 de la Directiva 93/13/CEE no puede reducirse solo al carácter comprensible de estas en un plano formal y gramatical, sino que, (...) esa exigencia de redacción clara y comprensible de las cláusulas contractuales, y por tanto de transparencia, debe entenderse de manera extensiva (...).

Esta exigencia requiere que el consumidor medio, normalmente informado y razonablemente atento y perspicaz, esté en condiciones de comprender el funcionamiento concreto de tal cláusula y de valorar así, basándose en criterios precisos y comprensibles, las consecuencias económicas, potencialmente significativas, de dicha cláusula sobre sus obligaciones (...).

(...)

Esta interpretación de la transparencia implica que los profesionales deben proporcionar información clara a los consumidores sobre las cláusulas del contrato y sus implicaciones y consecuencias antes de la celebración del contrato.

(...)

(...) es necesario verificar que se comunicaron al consumidor todos los elementos que pueden incidir en el alcance de su compromiso, que se expusieron de manera transparente los motivos y las particularidades de la estipulación contractual, así como la relación entre dicha cláusula y otras cláusulas relativas a la retribución del prestamista, de forma que un consumidor informado pueda prever, sobre la base de criterios precisos y comprensibles, las consecuencias económicas que para él se derivan y le permitan evaluar, en particular, el coste total de su préstamo, permitiéndole evaluar las consecuencias financieras de este.

(...) El crédito revolving es un crédito al consumo con interés, de duración indefinida o de duración definida prorrogable de forma automática, concedido a personas físicas, en el que el crédito dispuesto no se satisface en su totalidad al final del período de liquidación pactado. El consumidor puede disponer hasta el límite del crédito concedido sin tener que pagar la totalidad de lo dispuesto en un plazo determinado, sino que reembolsa el crédito dispuesto de forma aplazada sin una duración determinada, mediante el pago de cuotas periódicas cuyo importe puede consistir en una cantidad fija o en un porcentaje de la cantidad dispuesta, siendo habitual que la entidad financiera fije, por defecto, una cantidad o un porcentaje bajo, lo que alarga significativamente el plazo de amortización y supone la generación de una gran cantidad de intereses al amortizarse poco capital en cada cuota.

(...)

El Banco de España también ha hecho referencia a las consecuencias financieras que puede tener esta peculiaridad del crédito revolving, que puede dar lugar a lo que dicho organismo califica como «efecto de bola de nieve», que es el riesgo de encadenarse a una deuda indefinida, que nunca se termina de pagar.

Estas consecuencias negativas para el consumidor pueden producirse por la conjunción de varios factores: el carácter indefinido o prorrogable automáticamente del crédito; el límite del crédito se va recomponiendo constantemente; el elevado tipo de interés; la escasa cuantía de las cuotas, bien porque han sido establecidas por defecto en el contrato, bien porque han sido elegidas por el consumidor por el atractivo de ser asumibles en el corto plazo pero que van acrecentando un problema que se hará cada vez más serio a largo plazo pues suponen que se amortice muy poco capital; y, en su caso, el anatocismo en caso de impago de alguna cuota, comisión o indemnización de modo que el interés de demora se calcula sobre la totalidad de la cantidad adeudada, incluyendo capital, intereses, indemnizaciones y comisiones.

En consecuencia, es preciso que el consumidor reciba una información sobre estas características y estos riesgos, con un contenido y presentación adecuada y en el momento oportuno.

(....) El hecho de que la tarjeta pueda comenzar a utilizarse con posterioridad a la celebración del contrato y no necesariamente en el momento de la suscripción del contrato, no exime al profesional de facilitar esa información con antelación suficiente a la celebración del contrato pues, una vez celebrado este, el consumidor puede hacer uso inmediato del crédito facilitado y sufrir las consecuencias derivadas de los riesgos del sistema revolving a que hemos hecho referencia, antes de haber analizado la información.

El contenido de la información. En lo que respecta al contenido, la información que debe suministrarse al consumidor al que se le ofrece una tarjeta con la modalidad revolving debe cumplir con las exigencias establecidas en la normativa nacional y con aquellas que el TJUE ha extraído de la Directiva 93/13/CEE.

En consecuencia, la información debe permitir al consumidor medio comprender el producto ofertado, tomar conciencia de los riesgos que se derivan del plazo indefinido o prorrogable automáticamente, el elevado tipo de interés, la recomposición constante del crédito, la escasa amortización del capital en el caso de cuotas bajas, y el anatocismo; y, asimismo debe permitirle comparar las diversas ofertas, tal como exige el art. 10 de la Ley de contratos de crédito al consumo, pues para optar por una u otra modalidad de amortización es necesario que las comprenda. Por tanto, es necesaria una información diferenciada sobre las características, los costes y los riesgos de las tres modalidades de financiación que por lo general son electivas, por más que en muchos casos se aplique, por defecto, la modalidad revolving. Porque la diferencia de la modalidad revolving con la modalidad de pago aplazado a fin de mes, sin intereses, puede ser fácil de comprender, pero no lo es tanto la diferencia entre la modalidad de pago aplazado, que es en realidad un préstamo al consumo, parecido a la compra a plazos, y la modalidad revolving.

Para cumplir tales exigencias no es suficiente que la información contenga la TAE.

(...)

El sistema de amortización revolving no es simplemente un sistema como el de pago aplazado, que puede considerarse un simple préstamo al consumo que se va amortizando en cuotas periódicas durante un periodo determinado. Ya hemos expuesto sus peculiares características y los riesgos que conllevan, significativamente superiores a los de un simple préstamo al consumo.

(...)

Con la información contenida en el contrato y en la ficha INE entregada a la demandante, un consumidor medio, normalmente informado, razonablemente atento y perspicaz, no es capaz de tomar conciencia de la naturaleza y consecuencias del mecanismo de amortización revolving, los elevados costes que pueden suponerle y los riesgos de terminar siendo un "deudor cautivo" que tal sistema puede implicar.

(...)

Pues bien, de manera similar a como hemos declarado en los supuestos de cláusulas suelo o de préstamos en divisas, en el caso de las tarjetas revolving, la falta de transparencia de la cláusula relativa a la TAE, valorada junto con las cláusulas relativas al sistema de amortización, el anatocismo y la escasa cuota mensual, no es inocua para el consumidor, sino que provoca un grave desequilibrio, en contra de las exigencias de la buena fe, puesto que, al ignorar los riesgos significativos que entraña dicho sistema de amortización, no puede comparar la oferta con las de otros sistemas de amortización y se compromete en un contrato que puede tener para él graves consecuencias pues puede terminar siendo lo que hemos venido en llamar un "deudor cautivo" y el Banco de España denomina "efecto bola de nieve".

Son también circunstancias relevantes para la valoración de la buena fe del predisponente necesaria para apreciar la abusividad de estas cláusulas la incitación por parte del profesional a la contratación en la modalidad revolving en los términos más proclives a acentuar tales riesgos, como resulta de su comercialización fuera de establecimientos financieros (en las estaciones de tren, autobús, aeropuerto o centros comerciales tales como hipermercados, grandes superficies de electrodomésticos y electrónica, etc.), con denominaciones que ocultan esos riesgos e incitan a su contratación ("cuota fácil" en este caso), con previsiones contractuales en las que, por defecto, se contrata el sistema revolving y/o las cuotas de escasa cuantía que incrementan el pago de intereses y prolongan el plazo de amortización.

La consecuencia de lo expuesto es que ha de confirmarse el carácter abusivo de la cláusula que fija el interés remuneratorio (...)».

VII.- *IURA NOVIT CURIA*

En todo lo no invocado resulta de aplicación el principio *iura novit curia*, plasmado en el párrafo segundo del punto primero del artículo 218 de la Ley de Enjuiciamiento Civil, en virtud del cual serán aplicables las demás normas que sean de pertinente, especial o general aplicación, y que el juzgador podrá tener en cuenta de oficio sin necesidad de que hayan sido previamente alegados o invocados por alguna de las partes intervinientes.

VIII.- COSTAS

Deben ser impuestas a la parte demandada de conformidad con el artículo 394 de la Ley de Enjuiciamiento Civil.

Por todo lo expuesto,

SUPLICO AL JUZGADO:

Teniendo por presentado este escrito con los documentos y copias que se acompañan, se sirva admitirlo y, en mérito del mismo, de conformidad con las manifestaciones que contiene, se tenga por interpuesta **DEMANDA DE JUICIO VERBAL** en ejercicio de la acción de nulidad de la cláusula que regula el interés remuneratorio; contra la entidad demandada [NOMBRE], se me tenga por parte demandante en la representación acreditada, mandando se entiendan conmigo las sucesivas diligencias y, previo cumplimiento de los trámites procesales de rigor, incluido el recibimiento del pleito a prueba que ya dejo interesado para su momento procesal oportuno, se dicte sentencia por la que:

- **SE DECLARE NULA** la cláusula que regula el tipo de interés remuneratorio, por no superar el doble control de transparencia y **SE CONDENE** a la demandada, conforme a lo dispuesto en el artículo 1303 del CC, a devolver todos los importes recibidos como consecuencia de la aplicación de la cláusula declarada nula (cantidad a calcular en ejecución de sentencia), dejando la misma sin efecto en el contrato.

- Todo ello con los intereses legales desde la presentación de la demanda (artículo 1109 del CC), más los intereses procesales del artículo 576 de la LEC desde la resolución que se dicte.

- Se condene expresamente, y en todo caso, a la demandada al pago de las **COSTAS JUDICIALES** que se causen en el presente procedimiento, por ser de preceptiva imposición caso de estimación de la demanda, aunque sea de forma sustancial y no total.

Por ser justicia que pido en [LOCALIDAD], a [FECHA].

Fdo.: D./D.ª [NOMBRE_ABOGADO] Fdo.: D./D.ª [NOMBRE_PROCURADOR]

Col. n.º: [NUMERO_ABOGADO] Col. n.º: [NUMERO_PROCURADOR]

PRIMER OTROSÍ DIGO (3): que, de conformidad con el art. 328 de la Ley de Enjuiciamiento Civil, se requiera a la demandada para que aporte:

Cuadro de liquidación de la tarjeta (ciclo de vida de la tarjeta), con el histórico de movimientos, por meses, realizados durante la vigencia del crédito, diferenciando en columnas los distintos conceptos de cada uno de los importes, y en especial: las disposiciones efectuadas por el titular, las comisiones aplicadas, las cuotas de seguro, los intereses de demora, los intereses generados, los recibos abonados y el principal amortizado. Así como los importes totales en cuanto a los mencionados conceptos.

Por lo expuesto,

AL JUZGADO SUPLICO:

Tenga por hecha la anterior manifestación a los efectos legalmente oportunos.

Lugar y fecha *ut supra*.

Fdo.: D./D.ª [NOMBRE_ABOGADO] Fdo.: D./D.ª [NOMBRE_PROCURADOR]

Col. n.º: [NUMERO_ABOGADO] Col. n.º: [NUMERO_PROCURADOR]

SEGUNDO OTROSÍ DIGO: al amparo de lo dispuesto en el apartado 2 del art. 265 de la LEC, se dejan expresamente designados desde este momento, todos los archivos, libros y registros referidos en el cuerpo del presente escrito, así como aquellos a los que se refieran y/o en los que obren los documentos que se aportan junto con el presente escrito o se mencionen directa o indirectamente, y cuantas oficinas públicas o privadas puedan custodiar documentos o datos de interés para lo solicitado en el presente escrito y, especialmente los de la entidad demandada.

En su virtud,

AL JUZGADO SUPLICO: tenga por hecha la anterior manifestación a los efectos legalmente oportunos.

Lugar y fecha *ut supra*.

Fdo.: D./D.ª [NOMBRE_ABOGADO] Fdo.: D./D.ª [NOMBRE_PROCURADOR]

Col. n.º: [NUMERO_ABOGADO] Col. n.º: [NUMERO_PROCURADOR]

TERCER OTROSÍ DIGO: siendo intención de esta parte cumplir con todos los requisitos legales, a tenor de lo previsto en el artículo 231 de la Ley de Enjuiciamiento Civil, se solicita se le diere traslado de cualquier defecto que adoleciere la presente demanda, para la inmediata subsanación de la misma.

Por ello,

AL JUZGADO SUPLICO:

Tenga por hecha la anterior manifestación a los efectos legalmente oportunos.

Lugar y fecha *ut supra*.

Fdo.: D./D.ª [NOMBRE_ABOGADO] Fdo.: D./D.ª [NOMBRE_PROCURADOR]

Col. n.º: [NUMERO_ABOGADO] Col. n.º: [NUMERO_PROCURADOR]

---

(1) Una vez constituidos e implantados de forma efectiva los tribunales de instancia, las referencias realizadas a los juzgados de primera instancia se entenderán referidas a las secciones del orden jurisdiccional correspondiente de los tribunales de instancia, en este caso, sección civil. (D.A.1.ª de la LO 1/2025, de 2 de enero). Este proceso culminará el 31/12/2025.

(2) Documentación del contrato: Contrato de solicitud de tarjeta y sus condiciones, extractos, Información Normalizada…

(3) En un centro comercial, en casa, en el trabajo…

(4) En caso de que no lo haya aportado la entidad con la contestación a la reclamación extrajudicial.

Demanda de juicio verbal de nulidad de tarjeta *revolving* y reclamación de cantidades abonadas en exceso por intereses usurarios

A TENER EN CUENTA. Por la reforma realizada por la LO 1/2025, de 2 de enero, una vez implantados de forma efectiva los tribunales de instancia (D.T. 1.ª), todas las referencias realizadas a los juzgados unipersonales se entenderán realizadas a las secciones del orden jurisdiccional correspondiente de los tribunales de instancia.

AL JUZGADO DE PRIMERA INSTANCIA N.º [NUMERO] **DE** [LOCALIDAD] **(1)**

D./D.ª [NOMBRE_PROCURADOR_CLIENTE], procurador/a de los tribunales, actuando en nombre y representación de D./D.ª [NOMBRE_CLIENTE], con domicilio afecto a notificaciones en C/ [DOMICILIO], y provisto de D.N.I. número [NUMERO] tal y como se acredita en el poder para pleitos que se adjunta al presente como **documento n.º 1**, ante el Juzgado comparezco, bajo la dirección letrada de D./D.ª [NOMBRE_ABOGADO_CLIENTE], letrado/a del Ilustre Colegio de Abogados de [LOCALIDAD] número [NUMERO] y, como mejor proceda en derecho, respetuosamente,

DIGO

Que por medio del presente escrito vengo a presentar **DEMANDA DE JUICIO VERBAL** ejercitando **acción de nulidad del contrato** en virtud del artículo 1 de la Ley de 23 de julio de 1908, sobre nulidad de los contratos de préstamos usuarios, **por considerar el interés notablemente superior al normal del dinero y manifiestamente desproporcionado con las circunstancias del caso** contra:

– [NOMBRE_PARTECONTRARIA], con CIF n.º [NUMERO] y domicilio sito en [DOMICILIO].

Todo ello en base a los fundamentos de derecho que se dirán y en los siguientes,

HECHOS

PREVIO.- Sobre la documentación facilitada por la demandada.

Esta parte realizó, con fecha [ESPECIFICAR] y a través de correo postal, una reclamación inicial (que se adjunta como documento núm. 2) por la que se solicitó la supresión de los intereses usuarios y de las cláusulas abusivas y la aportación de la documentación que mi representada nunca tuvo en su poder.

La entidad demandada contestó a dicho correo, con fecha [FECHA], adjuntando la siguiente documentación:

– [ESPECIFICAR] **(2)**

PRIMERO.- De las condiciones del contrato

Con fecha [FECHA], D./D.ª [NOMBRE] se encontraba en su domicilio, cuando un agente comercial que iba llamando «a puerta fría» (3) le ofreció los servicios de la tarjeta de crédito «[NOMBRE]», procediendo mi mandante a formalizar *in situ* la solicitud de tarjeta de crédito ofertada.

Esta tarjeta, comúnmente denominada *revolving* o revolvente, es una línea de crédito que permite sucesivas disposiciones (variables en importe) hasta el límite concedido, que se va reponiendo en cuanto se va devolviendo (de ahí su carácter indefinido), durante toda la vida del contrato. Es decir, el capital disponible y los plazos se minoran o amplían en base a los reintegros que realiza el cliente.

El reverso de la solicitud que adjuntamos recoge todas las condiciones del préstamo. No obstante, para el caso que nos ocupa, nos interesa saber cuáles son las condiciones económicas del contrato, es decir, lo que le va a costar al consumidor. En este sentido determina:

– Cláusula [NUMERO] *«Condiciones económicas»*:

1. Tipo de interés nominal anual: [PORCENTAJE] % (hoy en día se ha modificado y asciende a [PORCENTAJE] %).

2. Tasa Anual Equivalente (TAE): [PORCENTAJE] % (hoy en día se ha modificado y asciende a [PORCENTAJE] %).

3. Tipo de interés nominal anual para disposiciones de efectivo: [PORCENTAJE] % (hoy en día se ha modificado y asciende a [PORCENTAJE] %).

4. Tasa Anual Equivalente (TAE) para disposiciones de efectivo: [PORCENTAJE] % (hoy en día se ha modificado y asciende a [PORCENTAJE] %).

5. Comisiones relevantes: [ESPECIFICAR]

– Cláusula [NUMERO] «Modalidades de pago»: Es la cláusula donde se determina el importe de cuota mensual y lo que se amortiza de principal en la misma.

SEGUNDO.- Sobre la petición principal de declaración de nulidad del contrato por considerar los intereses remuneratorios como usurarios

Analizando el contrato, este debe ser considerado nulo por usurario, con la consiguiente devolución de las prestaciones realizadas entre las partes, en virtud de los artículos 1 y 3 de la Ley de 23 de julio de 1908 sobre nulidad de los contratos de préstamos usurarios, también denominada Ley Azcárate o Ley de Represión de Usura (en adelante LRU) toda vez que el presente contrato presenta un interés notablemente superior al normal del dinero y manifiestamente desproporcionado.

A pesar de que el artículo 315 del Código de Comercio determina el principio de la libertad de la tasa de interés, la Ley de Represión de la Usura se constituye como un límite a la autonomía negocial del artículo 1255 del Código Civil aplicable al préstamo y cualquier operación de crédito sustancialmente equivalente al préstamo (**sentencia del Tribunal Supremo n.º 406/2012 de 18 de junio, ECLI:ES:TS:2012:5966, sentencia del Tribunal Supremo n.º 113/2013, de 22 de febrero, ECLI:ES:TS:2013:867 y sentencia del Tribunal Supremo n.º 677/2014, de 2 de diciembre, ECLI:ES:TS:2014:5771**).

En primer lugar, establecen las Condiciones Generales del Contrato que el Tipo Nominal Anual para Transferencias y disposiciones es del [PORCENTAJE] %, siendo el T.A.E. del [PORCENTAJE] %. Posteriormente se modificó dicho interés, hasta alcanzar la TAE [PORCENTAJE] % actual, como se desprende del Reglamento de Tarjeta. Modificación, por cierto, jamás comunicada a mi mandante.

Cabe hacer referencia a la **sentencia del Tribunal Supremo n.º 258/2023, de 15 de febrero, ECLI:ES:TS:2023:442**, que dispone que una diferencia de más de 6 puntos entre el TAE estipulado en el contrato de tarjeta *revolving* y el interés medio del mercado determinará la existencia de usura:

> «Hasta ahora este Tribunal Supremo no ha fijado un criterio uniforme para cualquier contrato, sino que ha ido precisándolo para cada caso controvertido.
>
> En la sentencia 628/2015, de 25 de noviembre, razonó que la TAE del contrato (24,6%) era superior al doble del tipo medio de referencia. Lo anterior no significa que el umbral de lo usurario estuviera fijado en todo caso en el doble del interés medio de referencia. De hecho en la posterior sentencia 149/2020, de 4 de marzo, la TAE del contrato era 26,82% y el tipo medio de referencia algo superior al 20% anual, y sin llegar ni mucho menos al doble del tipo de referencia, se declaró usurario en atención a la diferencia de puntos porcentuales, más de seis, que se consideró muy relevante. (...)
>
> "(...) una diferencia tan apreciable como la que concurre en este caso entre el índice tomado como referencia en calidad de "interés normal del dinero" y el tipo de interés fijado en el contrato, ha de considerarse como "notablemente superior" a ese tipo utilizado como índice de referencia, a los efectos que aquí son relevantes".
>
> En la medida en que el criterio que vamos a establecer lo es sólo para un tipo de contratos, los de tarjeta de crédito en la modalidad revolving, en los que hasta ahora el interés medio se ha situado por encima del 15%, por lo argumentado en la citada sentencia 149/2020, de 4 de marzo, consideramos más adecuado seguir el criterio de que la diferencia entre el tipo medio de mercado y el convenido sea superior a 6 puntos porcentuales».

El Banco de España incluyó en sus boletines una tabla adicional (Tabla 19.4) con las estadísticas propias o específicas del mercado de tarjetas «revolving» desde junio de 2010 (3), por ello, toda vez que el contrato es posterior a esa fecha, el interés del contrato se debe comparar con el interés medio establecido para tarjetas de pago aplazado.

Se adjunta como documento n.º [NUMERO] la tabla de tipos de interés, activos y pasivos, aplicados por las entidades de crédito, en el año [AÑO], año de solicitud de la tarjeta.

Tabla que ha sido descargada de la siguiente dirección web del Banco de España: [ESPECIFICAR]

Es decir, el interés estipulado en el contrato es un interés que no tiene justificación alguna, toda vez que se aplica un interés de [NUMERO] décimas más que la media lo cual, junto a las circunstancias del caso, hace que el préstamo sea usurario.

TERCERO.- De los efectos de la nulidad

En virtud de los artículos 1 y 3 LRU procede declarar nulidad del contrato realizado, con la correspondiente obligación restitutoria, en virtud de este art. 3: «el prestatario estará obligado a entregar tan sólo la suma recibida; y si hubiera satisfecho parte de aquélla y los intereses vencidos, el prestamista devolverá al prestatario lo que, tomando en cuenta el total de lo percibido, exceda del capital prestado».

Por ello, el prestatario solo viene obligado a abonar la suma recibida, y en el supuesto de que éste haya abonado un exceso respecto del capital prestado, ésta deberá serle restituido. Cantidad a calcular en ejecución de sentencia.

A los anteriores hechos resultan de aplicación los siguientes,

FUNDAMENTOS DE DERECHO

I.- JURISDICCIÓN Y COMPETENCIA

De aplicación lo dispuesto en el artículo 31 de la LEC y concordantes, en relación a lo dispuesto en la Ley Orgánica del Poder Judicial, concretamente en sus preceptos 21 y ss.

Es competente el juzgado de primera instancia al que me dirijo en virtud de los artículos 45 y 813 de la Ley de Enjuiciamiento Civil.

II.- CAPACIDAD Y LEGITIMACIÓN

En cuanto a la legitimación, se encuentra legitimada activamente la actora y pasivamente la demandada en virtud de lo dispuesto en artículo 10 de la Ley de Enjuiciamiento Civil, en relación con los artículos 3 y 4 del Real Decreto Legislativo 1/2007, de 16 de noviembre, por el que se aprueba el Texto Refundido de la Ley General para la Defensa de los Consumidores y Usuarios y otras normas complementarias y con el artículo 9 de la Ley 7/1998, de 13 de abril, de Condiciones Generales de la Contratación.

III.- POSTULACIÓN

Esta parte comparece representada de procurador/a y asistida de letrado/a de conformidad con los artículos 23 y 31 de la Ley de Enjuiciamiento Civil.

IV.- PROCEDIMIENTO

Se sustanciará por los trámites del juicio verbal en virtud del apartado 1 del art. 250 de la LEC, en el punto 14.

V.- ACCIONES

Se ejercita la acción de nulidad de la cláusula [NUMERO], que establece y regula los intereses remuneratorios del préstamo, por su carácter usurario. Esta acción es imprescriptible.

Se ejercita la acción de restitución de las cantidades abonadas en exceso en concepto de intereses usurarios, que no se halla prescrita, al no haber transcurrido el plazo de prescripción de 5 años del apartado 2 del art. 1964 del CC, tal como avala la **sentencia de la Audiencia Provincial de Salamanca, n.º 191/2023, de 31 de marzo, ECLI:ES:APSA:2023:261**: «De todo ello es de concluir que la reclamación económica del demandante Sr. Santos no puede verse afectada por la prescripción, porque, tomamos como inicio del plazo de prescripción el momento de la publicación de la mencionada STS de 4 de marzo de 2020, y siendo así que el requerimiento extracontractual es de febrero de 2021, obvio resulta que en dicho momento el plazo de 5 años no habría transcurrido». **(5)**

VI.- CUANTÍA

Cumpliendo lo prevenido en el apartado 1 del art. 253 de la LEC, se hace constar que la cuantía de esta demanda es **INDETERMINADA** toda vez que **esta parte no dispone de los medios adecuados para realizar una efectiva cuantificación de las consecuencias económicas de la nulidad,** sino que los medios los dispone la entidad bancaria.

Es decir, hemos de poner de relieve que las consecuencias de la declaración de nulidad de las condiciones generales o de la nulidad del contrato no son las mismas a fecha de presentación de esta demanda que a fecha que en su día se dicte Sentencia, pues mi representado sigue abonando las cuotas mensuales de su préstamo. Es decir, toda vez que el **préstamo continúa vigente a día de hoy,** las cantidades en el futuro serán diferentes a las actuales tras la aplicación unilateral por el banco de los diferentes conceptos. Además de que le consta a esta parte que la entidad demandada ha realizado cobros a lo largo de la vida del préstamo en concepto de intereses de demora y comisión por impago y nada impide que siga realizando cobros por diferentes conceptos durante la sustanciación del presente procedimiento.

VII.- FONDO DEL ASUNTO

PRIMERO.- Sobre la condición de consumidor y del principio *pro consumatore*

De conformidad con el art. 3 del Real Decreto Legislativo 1/2007, de 16 de noviembre por el que se aprueba el TRLGDCU: «A efectos de esta norma y sin perjuicio de lo dispuesto expresamente en sus libros tercero y cuarto, son consumidores o usuarios las personas físicas que actúen con un propósito ajeno a su actividad comercial, empresarial, oficio o profesión».

En el presente procedimiento, mi mandante, a la hora de contratar el crédito al consumo, en su condición de persona física que actúa en un ámbito ajeno a su actividad empresarial o profesional, debe tener la condición de consumidor.

También se extrae la condición de consumidor de mi mandante en virtud del art. 2.b) de la Directiva 93/13/CEE del Consejo.

SEGUNDO.- Sobre la nulidad del contrato por usurario

El art. 1 de la Ley de 23 de julio de 1908 sobre nulidad de los contratos de préstamos usurarios establece: «Será nulo todo contrato de préstamo en que se estipule un interés notablemente superior al normal del dinero y manifiestamente desproporcionado con las circunstancias del caso o en condiciones tales que resulte aquél leonino, habiendo motivos para estimar que ha sido aceptado por el prestatario a causa de su situación angustiosa, de su inexperiencia o de lo limitado de sus facultades mentales».

La LRU resulta de aplicación en el presente procedimiento en aplicación del art. 9 LRU.

La sentencia del Tribunal Supremo n.° 628/2015, de 25 de noviembre, ECLI:ES:TS:2015:4810, argumenta que es aplicable la Ley de Usura al determinar que «En el caso objeto del recurso, la citada normativa ha de ser aplicada a una operación crediticia que, por sus características, puede ser encuadrada en el ámbito del crédito al consumo...».

La sentencia del Tribunal Supremo n.° 258/2023, de 15 de febrero, ECLI:ES:TS:2023:442, dispone que la diferencia en más de 6 puntos entre el TAE estipulado en el contrato de tarjeta *revolving* y el interés medio del mercado determinará la existencia de usura. Es decir, tal y como sucede en este caso, el interés establecido en el contrato aportado, al ascender el TAE estipulado en el mismo a [PORCENTAJE]% (hoy en día, [PORCENTAJE]%), supera en más de seis puntos al interés medio del mercado para este tipo de tarjetas, debiendo considerarse como «notablemente superior» tal y como justificó la ya citada sentencia del TS 628/2015, de 25 de noviembre.

Por último, debemos redundar en la ínfima cantidad de capital principal que se amortiza en cada cuota mensual lo cual, junto al interés tan desproporcionado y la financiación de comisiones hace que el préstamo esté abocado a un pago casi de por vida, convirtiendo al consumidor en un deudor «cautivo», siendo el préstamo usurario porque las circunstancias del caso así lo determinan.

VIII.- *IURA NOVIT CURIA*

En todo lo no invocado resulta de aplicación el principio *iura novit curia*, plasmado en el párrafo segundo del punto primero del artículo 218 de la Ley de Enjuiciamiento Civil, en virtud del cual serán aplicables las demás normas que sean de pertinente, especial o general aplicación, y que el juzgador podrá tener en cuenta de oficio sin necesidad de que hayan sido previamente alegados o invocados por alguna de las partes intervinientes.

IX.- COSTAS

Deben ser impuestas a la parte demandada de conformidad con el artículo 394 de la Ley de Enjuiciamiento Civil.

Por todo lo expuesto,

SUPLICO AL JUZGADO:

Por presentado este escrito con los documentos y copias que se acompañan, se sirva admitirlo y, en mérito del mismo, de conformidad con las manifestaciones que contiene, se tenga por interpuesta **DEMANDA DE JUICIO VERBAL** en ejercicio de la **acción de nulidad del contrato de Tarjeta, por considerar el interés notablemente superior al normal del dinero y manifiestamente desproporcionado con las circunstancias del caso**; contra la entidad demandada [NOMBRE], se me tenga por parte demandante en la representación acreditada, mandando se entiendan conmigo las sucesivas diligencias y, previo cumplimiento de los trámites procesales de rigor, incluido el recibimiento del pleito a prueba que ya dejo interesado para su momento procesal oportuno, se dicte sentencia por la que:

- **SE DECLARE la NULIDAD** del contrato de Tarjeta suscrito entre las partes, **por considerar los intereses remuneratorios como USURARIOS** con los efectos inherentes a tal declaración, y, de conformidad con el **artículo 3 LRU**, **SE CONDENE** a la demandada a fin de que reintegre a mi representado cuantas cantidades abonadas durante la vida de la TARJETA, excedan a la cantidad de capital dispuesto

- Todo ello con los Intereses Legales desde la presentación de la demanda (artículo 1109 del CC), más los intereses procesales del artículo 576 de la LEC desde la resolución que se dicte.

- Se condene expresamente, y en todo caso, a la demandada al pago de las COSTAS JUDICIALES que se causen en el presente procedimiento, por ser de preceptiva imposición caso de estimación de la demanda, aunque sea de forma sustancial y no total.

Por ser justicia que pido en [CIUDAD], a [FECHA].

Fdo.: D./D.ª [NOMBRE_ABOGADO] Fdo.: D./D.ª [NOMBRE_PROCURADOR]

Col. n.°: [NUMERO_ABOGADO] Col. n.°: [NUMERO_PROCURADOR]

PRIMER OTROSÍ DIGO (6): de conformidad con el art. 328 de la Ley de Enjuiciamiento Civil, se requiera a la demandada para que aporte:

- Cuadro de liquidación de la tarjeta (ciclo de vida de la tarjeta), con el histórico de movimientos, por meses, realizados durante la vigencia del crédito, diferenciando en columnas los distintos conceptos de cada uno de los importes, y en especial: las disposiciones efectuadas por el titular, las comisiones aplicadas, las cuotas de seguro, los intereses de demora, los intereses generados, los recibos abonados y el principal amortizado. Así como los importes totales en cuanto a los mencionados conceptos.

En su virtud,

AL JUZGADO SUPLICO:

Tenga por hecha la anterior manifestación a los efectos legalmente oportunos.

Lugar y fecha *ut supra*.

Fdo.: D./D.ª [NOMBRE_ABOGADO] Fdo.: D./D.ª [NOMBRE_PROCURADOR]

Col. n.º: [NUMERO_ABOGADO] Col. n.º: [NUMERO_PROCURADOR]

SEGUNDO OTROSÍ DIGO: al amparo de lo dispuesto en el apartado 2 del art. 265 de la LEC, se dejan expresamente designados desde este momento, todos los archivos, libros y registros referidos en el cuerpo del presente escrito, así como aquellos a los que se refieran y/o en los que obren los documentos que se aportan junto con el presente escrito o se mencionen directa o indirectamente, y cuantas oficinas públicas o privadas puedan custodiar documentos o datos de interés para lo solicitado en el presente escrito y, especialmente los de la entidad demandada.

Por lo expuesto,

AL JUZGADO SUPLICO:

Tenga por hecha la anterior manifestación a los efectos legalmente oportunos.

Lugar y fecha *ut supra.*

Fdo.: D./D.ª [NOMBRE_ABOGADO] Fdo.: D./D.ª [NOMBRE_PROCURADOR]

Col. n.º: [NUMERO_ABOGADO] Col. n.º: [NUMERO_PROCURADOR]

TERCER OTROSÍ DIGO: siendo intención de esta parte cumplir con todos los requisitos legales, a tenor de lo previsto en el artículo 231 de la Ley de Enjuiciamiento Civil, se solicita se le diere traslado de cualquier defecto que adoleciere la presente demanda, para la inmediata subsanación de la misma.

Por ello,

AL JUZGADO SUPLICO:

Tenga por hecha la anterior manifestación a los efectos legalmente oportunos.

Lugar y fecha *ut supra.*

En [LOCALIDAD], a [FECHA]

Fdo.: D./D.ª [NOMBRE_ABOGADO] Fdo.: D./D.ª [NOMBRE_PROCURADOR]

Col. n.º: [NUMERO_ABOGADO] Col. n.º: [NUMERO_PROCURADOR]

---

(1) Una vez constituidos e implantados de forma efectiva los tribunales de instancia, las referencias realizadas a los juzgados de primera instancia se entenderán referidas a las secciones del orden jurisdiccional correspondiente de los tribunales de instancia, en este caso, sección civil. (D.A.1.ª de la LO 1/2025, de 2 de enero). Este proceso culminará el 31/12/2025.

(2) Documentación del contrato: Contrato de solicitud de tarjeta y sus condiciones, extractos, Información Normalizada…

(3) En un centro comercial, en casa, en el trabajo…

(4) Hay que tener en cuenta que el Banco de España empezó publicar el interés medio de tarjetas «revolving» a partir de junio de 2010.

(5) Tal como se establece en la citada sentencia de la Audiencia Provincial de Salamanca n.º 194/2023, de 31 de marzo, ECLI:ES:APSA:2023:261, el dies a quo de la prescripción de la acción de restitución para intereses remuneratorios abusivos devengados con anterioridad, será la fecha de la sentencia del **Tribunal Supremo n° 149/2020, de 4 de marzo, ECLI:ES:TS:2020:600.**

(6) En caso de que no lo haya aportado la entidad con la contestación a la reclamación extrajudicial.

Demanda de juicio verbal de nulidad de cláusula abusiva de intereses de demora de tarjeta *revolving*

> **A TENER EN CUENTA.** Por la reforma realizada por la LO 1/2025, de 2 de enero, una vez implantados de forma efectiva los tribunales de instancia (D.T. 1.ª), todas las referencias realizadas a los juzgados unipersonales se entenderán realizadas a las secciones del orden jurisdiccional correspondiente de los tribunales de instancia.

AL JUZGADO DE PRIMERA INSTANCIA N.º [NUMERO] [LOCALIDAD] **(1)**

D./D.ª [NOMBRE_PROCURADORCLIENTE], procurador/a de los tribunales, actuando en nombre y representación de D./D.ª [NOMBRE_CLIENTE], con domicilio afecto a notificaciones en C/ [DOMICILIO], y provisto/a de D.N.I. número [NUMERO] tal y como se acredita en el poder para pleitos que se adjunta al presente como documento n.º 1, ante el Juzgado comparezco, bajo la dirección letrada de D./D.ª [NOMBRE], letrado/a del Ilustre Colegio de Abogados de [LOCALIDAD] número [NUMERO] y, como mejor proceda en derecho, respetuosamente,

DIGO

Que por medio del presente escrito vengo a presentar DEMANDA DE JUICIO VERBAL ejercitando acción de nulidad de la cláusula que regula los intereses de demora (inserta en la cláusula [NUMERO]) por abusividad de la misma, contra:

[NOMBRE_PARTECONTRARIA], con CIF n.º [NUMERO] y domicilio sito en [DOMICILIO].

Todo ello en base a los Fundamentos de Derecho que se dirán y en los siguientes,

HECHOS

PREVIO.- Sobre la documentación facilitada por la demandada

Esta parte realizó, con fecha [FECHA] y a través de correo postal, una reclamación inicial (que se adjunta como documento n.º 2) por la que se solicitó la nulidad del contrato y la aportación de la documentación que mi representada nunca tuvo en su poder.

La entidad demandada contestó a dicho correo, con fecha [FECHA], adjuntando la siguiente documentación:

[ESPECIFICAR] **(2)**

PRIMERO.- De las condiciones del contrato

Con fecha [FECHA], D./D.ª [NOMBRE_CLIENTE] se encontraba en su domicilio, cuando un agente comercial «a puerta fría» **(3)** le ofreció los servicios de la tarjeta de crédito «[NOMBRE]», procediendo mi mandante a formalizar *in situ* la solicitud de tarjeta de crédito ofertada.

Esta tarjeta, comúnmente denominada *revolving* o revolvente, es una línea de crédito que permite sucesivas disposiciones (variables en importe) hasta el límite concedido, que se va reponiendo en cuanto se va devolviendo (de ahí su carácter indefinido), durante toda la vida del contrato. Es decir, el capital disponible y los plazos se minoran o amplían en base a los reintegros que realiza el cliente.

El reverso de la solicitud que adjuntamos al presente escrito como Doc. n.º [NUMERO] recoge todas las condiciones del préstamo. No obstante, para el caso que nos ocupa, nos interesa la cláusula relativa a los intereses de demora, que determina lo siguiente:

– Cláusula [NUMERO] «Intereses de demora»:

[DESCRIPCION]

SEGUNDO.- Sobre la nulidad de la cláusula que regula los intereses de demora, inserta en las Condiciones Generales

Tal como argumentaremos en los fundamentos de derecho de la presente demanda, la cláusula [NUMERO] ha de ser declarada nula, y por tanto, tenerse por no puesta, toda vez que no ha sido negociada e impone un interés de demora del [NUMERO]%, que resulta abusivo a la luz de la normativa vigente y de la jurisprudencia de nuestros tribunales.

TERCERO.- De los efectos de la nulidad

Se deberá dejar la cláusula sin efecto, sin que pueda surtir efectos en el futuro, procediendo a la DEVOLUCIÓN DE LAS CANTIDADES INDEBIDAMENTE COBRADAS por la aplicación de la cláusula declarada nula, en virtud del art. 1303 del CC. No procede su moderación o integración, por ello, el contrato continuará vigente sin aplicación de dicha cláusula y, si de la liquidación que se realice resulta que mi mandante no ha pagado, a fecha de la Sentencia, el capital principal, este se devolverá en función de lo establecido en el contrato sin aplicación de la cláusula cuya nulidad se solicita.

A los anteriores hechos resultan de aplicación los siguientes,

FUNDAMENTOS DE DERECHO

I.- JURISDICCIÓN Y COMPETENCIA

De aplicación lo dispuesto en el artículo 31 de la LEC y concordantes, en relación a lo dispuesto en la Ley Orgánica del Poder Judicial, concretamente en sus preceptos 21 y ss.

Es competente el juzgado de 1ª instancia al que me dirijo en virtud de los artículos 45 y 813 de la Ley de Enjuiciamiento Civil.

II.- CAPACIDAD Y LEGITIMACIÓN

En cuanto a la legitimación, se encuentra legitimada activamente la actora y pasivamente la demandada en virtud de lo dispuesto en artículo 10 de la Ley de Enjuiciamiento Civil, en relación con los artículos 3 y 4 del Real Decreto Legislativo 1/2007, de 16 de noviembre, por el que se aprueba el Texto Refundido de la Ley General para la Defensa de los Consumidores y Usuarios y otras normas complementarias y con el artículo 9 de la Ley 7/1998, de 13 de abril, de Condiciones Generales de la Contratación.

III.- POSTULACIÓN

Esta parte comparece representada de Procurador/a y asistida de Letrado/a de conformidad con los artículos 23 y 31 de la Ley de Enjuiciamiento Civil.

IV.- PROCEDIMIENTO

Se sustanciará por los trámites del juicio verbal en virtud del apartado 1 del art. 250 de la LEC, en el punto 14.

V.- CUANTÍA

La cuantía del presente procedimiento es indeterminada, a la luz del apartado 3 del art. 253 de la LEC, toda vez que esta parte no dispone de los medios adecuados para realizar una efectiva cuantificación de las consecuencias económicas de la nulidad a la fecha en que sea dictada sentencia.

Artículo 253 de la LEC: «3. Cuando el actor no pueda determinar la cuantía ni siquiera en forma relativa, por carecer el objeto de interés económico, por no poderse calcular dicho interés conforme a ninguna de las reglas legales de determinación de la cuantía, o porque, aun existiendo regla de cálculo aplicable, no se pudiera determinar aquélla al momento de interponer la demanda, ésta se sustanciará conforme a los cauces del juicio ordinario».

VI.- FONDO DEL ASUNTO

PRIMERO.- Sobre la condición de consumidor y del principio *pro consumatore*

De conformidad con el art. 3 del Real Decreto Legislativo 1/2007, de 16 de noviembre por el que se aprueba el TRLGDCU: «A efectos de esta norma y sin perjuicio de lo dispuesto expresamente en sus libros tercero y cuarto, son consumidores o usuarios las personas físicas que actúen con un propósito ajeno a su actividad comercial, empresarial, oficio o profesión».

En el presente procedimiento, mi mandante, a la hora de contratar el crédito al consumo, en su condición de persona física que actúa en un ámbito ajeno a su actividad empresarial o profesional, debe tener la condición de consumidor.

También se extrae la condición de consumidor de mi mandante en virtud del art. 2.b) de la Directiva 93/13/CEE del Consejo.

SEGUNDO.- Sobre la nulidad de la cláusula del interés de demora por abusividad

Apartado 4 del art. 20 de la Ley 16/2011, de 24 de junio, de contratos de crédito al consumo: «En ningún caso podrá aplicarse a los créditos que se concedan en forma de descubiertos a los que se refiere este artículo un tipo de interés que dé lugar a una tasa anual equivalente superior a 2,5 veces el interés legal del dinero».

Apartado 7 del art. 89 del RD legislativo 1/2007, de 16 de noviembre, por el que se aprueba el Texto Refundido de la Ley General para la Defensa de los Consumidores y Usuarios (TRLGDCU).

Apartado 1 del art. 82 del TRLGDCU: «1. Se considerarán cláusulas abusivas todas aquellas estipulaciones no negociadas individualmente y todas *aquéllas prácticas no consentidas expresamente que, en contra de las exigencias de la buena fe causen, en perjuicio del consumidor y usuario, un desequilibrio importante de los derechos y obligaciones de las partes que se deriven del contrato».*

Art. 83 del TRLGDCU: «Las cláusulas abusivas serán nulas de pleno derecho y se tendrán por no puestas. A estos efectos, el Juez, previa audiencia de las partes, declarará la nulidad de las cláusulas abusivas incluidas en el contrato, el cual, no obstante, seguirá siendo obligatorio para las partes en los mismos términos, siempre que pueda subsistir sin dichas cláusulas.

Las condiciones incorporadas de modo no transparente en los contratos en perjuicio de los consumidores serán nulas de pleno derecho».

Apartado 2 del art. 8 de la Ley de Condiciones Generales de la Contratación: «serán nulas las condiciones generales que sean abusivas, cuando el contrato se haya celebrado con un consumidor».

Apartado 1 del art. 6 de la Directiva 93/13/CEE del Consejo, de 5 de abril de 1993, sobre las cláusulas abusivas en los contratos celebrados con consumidores: «Los Estados miembros establecerán que no vincularán al consumidor, en las condiciones estipuladas por sus derechos nacionales, las cláusulas abusivas que figuren en un contrato celebrado entre éste y un profesional y dispondrán que el contrato siga siendo obligatorio para las partes en los mismos términos, si éste puede subsistir sin las cláusulas abusivas».

Con carácter general, cabe mencionar la sentencia del Tribunal Supremo n.º 265/2015, de 22 de abril, ECLI:ES:TS:2015:1723: «(...) el sector bancario se caracteriza porque la contratación con consumidores se realiza mediante cláusulas predispuestas e impuestas por la entidad bancaria, y por tanto, no negociadas individualmente con el consumidor, lo que determina la procedencia del control de *abusividad previsto en la Directiva 1993/13/CEE y en el Texto Refundido de la Ley General para la Defensa de los Consumidores y Usuarios, salvo que se pruebe el supuesto excepcional de que el contrato ha sido negociado y el consumidor ha obtenido contrapartidas apreciables a la inserción de cláusulas beneficiosas para el predisponente».*

A este respecto, la sentencia anteriormente citada aclara que «(...) tratándose de cláusulas no negociadas en contratos concertados con consumidores, la ausencia de vicios del consentimiento o, lo que es lo mismo, que el consumidor haya prestado válidamente su consentimiento al contrato predispuesto por el profesional, incluso en el caso de cláusulas claras, comprensibles y transparentes, no es obstáculo para que pueda declararse la nulidad de las cláusulas abusivas cuando, pese a las exigencias de la buena fe, causan en detrimento del consumidor un desequilibrio importante entre los derechos y obligaciones de las partes que se derivan del contrato (art. 3.1 de la Directiva 1993/13/CEE y 82.1 del Texto Refundido de la Ley General para la Defensa de los Consumidores y Usuarios) ».

A la luz de los mencionados preceptos, el contenido de la cláusula [NUMERO], determina la abusividad de los intereses de demora del contrato, de modo que ha de ser declarada nula y tenida por no puesta. A continuación transcribimos el contenido de la cláusula [NUMERO]:

«[ESPECIFICAR]»

Según lo dispuesto en dicha cláusula [NUMERO], el interés de demora supera en [NUMERO] puntos porcentuales el interés remuneratorio fijado en la cláusula [NUMERO] del mismo contrato. Esta diferencia, como a continuación veremos, implica la abusividad del tipo de interés de demora.

La jurisprudencia del Alto Tribunal es clara en cuanto a la nulidad de las cláusulas abusivas que establecen y regulan los intereses de demora. A continuación citamos las siguientes por su relevancia en relación con la presente *litis*:

De nuevo la **sentencia del Tribunal Supremo n.º 265/2015, de 22 de abril, ECLI:ES:TS:2015:1723**, que dispone que «Una vez justificado el carácter abusivo de las cláusulas no negociadas en contratos concertados con consumidores que establezcan un interés de demora excesivo, en tanto constituya una indemnización desproporcionadamente alta al incumplimiento contractual del consumidor que se retrasa en el pago de las cuotas de amortización del préstamo, (...).

(...)

(...) la Sala considera abusivo un interés de demora que suponga un incremento de más de dos puntos porcentuales respecto del interés remuneratorio pactado en un préstamo personal».

Sentencia del Tribunal Supremo n.º 671/2018, de 28 de noviembre, ECLI:ES:TS:2018:3889:

> «(...) confirma la corrección de la declaración de nulidad, por abusiva, que ha realizado la Audiencia Provincial de la cláusula que establece el interés de demora en el préstamo objeto de este recurso, puesto que supera en más de dos puntos porcentuales el interés remuneratorio (...)
>
> (...) lo que procede anular y suprimir completamente, privándola de su carácter vinculante, es esa cláusula abusiva, esto es, la indemnización desproporcionada por el retraso en el pago de las cuotas del préstamo (el recargo sobre el tipo del interés remuneratorio), pero no el interés remuneratorio, que sigue cumpliendo la función de retribuir la disposición del dinero por parte del prestatario hasta su devolución.
>
> (...)
>
> 17.- De acuerdo con esta doctrina, no es correcta la solución adoptada en la sentencia recurrida, consistente en sustituir el interés de demora abusivo por el consistente en el triple del interés legal del dinero, previsto en el art. 114.3 de la Ley Hipotecaria como límite a los intereses de demora de préstamos o créditos para la adquisición de vivienda habitual, garantizados con hipotecas constituidas sobre la misma vivienda. (...)
>
> La solución, conforme a lo dispuesto en las sentencias de esta sala citadas en los párrafos precedentes, es que, declarada la nulidad de la cláusula que establece el interés de demora, cuando el prestatario incurra en mora el capital pendiente de amortizar sigue devengando el interés remuneratorio fijado en el contrato».

Asimismo cabe tener en cuenta lo dispuesto en la **sentencia del Tribunal de Justicia de la Unión Europea n.º C-96/16 y C-94/17, de 7 de agosto de 2018, ECLI:EU:C:2018:643**, que determina que «(...) la consecuencia del carácter abusivo de una cláusula no negociada de un contrato de préstamo celebrado con un consumidor que establece el tipo de interés de demora consiste en la supresión total de los intereses de demora».

VII.- *IURA NOVIT CURIA*

En todo lo no invocado resulta de aplicación el principio *iura novit curia*, plasmado en el párrafo segundo del punto primero del artículo 218 de la Ley de Enjuiciamiento Civil, en virtud del cual serán aplicables las demás normas que sean de pertinente, especial o general aplicación, y que el juzgador podrá tener en cuenta de oficio sin necesidad de que hayan sido previamente alegados o invocados por alguna de las partes intervinientes.

VIII.- COSTAS

Deben ser impuestas a la parte demandada de conformidad con el artículo 394 de la Ley de Enjuiciamiento Civil.

Por todo lo expuesto,

SUPLICO AL JUZGADO:

Teniendo por presentado este escrito con los documentos y copias que se acompañan, se sirva admitirlo y, en mérito del mismo, de conformidad con las manifestaciones que contiene, se tenga por interpuesta DEMANDA DE JUICIO VERBAL en ejercicio de la acción de nulidad de la cláusula que regula los intereses de demora; contra la entidad demandada [NOMBRE], se me tenga por parte demandante en la representación acreditada, mandando se entiendan conmigo las sucesivas diligencias y, previo cumplimiento de los trámites procesales de rigor, incluido el recibimiento del pleito a prueba que ya dejo interesado para su momento procesal oportuno, se dicte sentencia por la que:

– SE DECLARE NULA la cláusula que regula el tipo de interés de demora, por incurrir en abusividad al superar el interés remuneratorio en [NUMERO] puntos porcentuales y SE CONDENE a la demandada, conforme a lo dispuesto en el artículo 1303 del CC, a devolver todos los importes recibidos en exceso como consecuencia de la aplicación de la cláusula declarada nula (cantidad a calcular en ejecución de sentencia), dejando la misma sin efecto en el contrato.

– Todo ello con los intereses legales desde la presentación de la demanda (artículo 1.109 del CC), más los intereses procesales del artículo 576 de la LEC desde la resolución que se dicte.

– Se condene expresamente, y en todo caso, a la demandada al pago de las COSTAS JUDICIALES que se causen en el presente procedimiento, por ser de preceptiva imposición caso de estimación de la demanda, aunque sea de forma sustancial y no total.

Por ser justicia que pido en [LOCALIDAD], a [FECHA].

Fdo.: D./D.ª [NOMBRE_ABOGADO] Fdo.: D./D.ª [NOMBRE_PROCURADOR]

Col. n.º: [NUMERO_ABOGADO] Col. n.º: [NUMERO_PROCURADOR]

PRIMER OTROSÍ DIGO (4): que, de conformidad con el art. 328 de la Ley de Enjuiciamiento Civil, se requiera a la demandada para que aporte:

Cuadro de liquidación de la tarjeta (ciclo de vida de la tarjeta), con el histórico de movimientos, por meses, realizados durante la vigencia del crédito, diferenciando en columnas los distintos conceptos de cada uno de los importes, y en especial: las disposiciones efectuadas por el titular, las comisiones aplicadas, las cuotas de seguro, los intereses de demora, los intereses generados, los recibos abonados y el principal amortizado. Así como los importes totales en cuanto a los mencionados conceptos.

Por lo expuesto,

AL JUZGADO SUPLICO:

Tenga por hecha la anterior manifestación a los efectos legalmente oportunos.

Lugar y fecha *ut supra*.

Fdo.: D./D.ª [NOMBRE_ABOGADO] Fdo.: D./D.ª [NOMBRE_PROCURADOR]

Col. n.º: [NUMERO_ABOGADO] Col. n.º: [NUMERO_PROCURADOR]

SEGUNDO OTROSÍ DIGO: al amparo de lo dispuesto en el apartado 2 del art. 265 de la LEC, se dejan expresamente designados desde este momento, todos los archivos, libros y registros referidos en el cuerpo del presente escrito, así como aquellos a los que se refieran y/o en los que obren los documentos que se aportan junto con el presente escrito o se mencionen directa o indirectamente, y cuantas oficinas públicas o privadas puedan custodiar documentos o datos de interés para lo solicitado en el presente escrito y, especialmente, los de la entidad demandada.

En su virtud,

AL JUZGADO SUPLICO: tenga por hecha la anterior manifestación a los efectos legalmente oportunos.

Lugar y fecha *ut supra*.

Fdo.: D./D.ª [NOMBRE_ABOGADO] Fdo.: D./D.ª [NOMBRE_PROCURADOR]

Col. n.º: [NUMERO_ABOGADO] Col. n.º: [NUMERO_PROCURADOR]

TERCER OTROSÍ DIGO: siendo intención de esta parte cumplir con todos los requisitos legales, a tenor de lo previsto en el artículo 231 de la Ley de Enjuiciamiento Civil, se solicita se le diere traslado de cualquier defecto que adoleciere la presente demanda, para la inmediata subsanación de la misma.

Por ello,

AL JUZGADO SUPLICO:

Tenga por hecha la anterior manifestación a los efectos legalmente oportunos.

Lugar y fecha *ut supra*.

Fdo.: D./D.ª [NOMBRE_ABOGADO] Fdo.: D./D.ª [NOMBRE_PROCURADOR]

Col. n.º: [NUMERO_ABOGADO] Col. n.º: [NUMERO_PROCURADOR]

---

(1) Una vez constituidos e implantados de forma efectiva los tribunales de instancia, las referencias realizadas a los juzgados de primera instancia se entenderán referidas a las secciones del orden jurisdiccional correspondiente de los tribunales de instancia, en este caso, sección civil. (D.A.1.ª de la LO 1/2025, de 2 de enero). Este proceso culminará el 31/12/2025.

(2) Documentación del contrato: Contrato de solicitud de tarjeta y sus condiciones, extractos, Información Normalizada…

(3) En un centro comercial, en casa, en el trabajo…

(4) En caso de que no lo haya aportado la entidad con la contestación a la reclamación extrajudicial.

Demanda de juicio verbal de nulidad de cláusula abusiva de comisión por impago en tarjeta *revolving*

A TENER EN CUENTA. Por la reforma realizada por la LO 1/2025, de 2 de enero, una vez implantados de forma efectiva los tribunales de instancia (D.T. 1.ª), todas las referencias realizadas a los juzgados unipersonales se entenderán realizadas a las secciones del orden jurisdiccional correspondiente de los tribunales de instancia.

AL JUZGADO DE PRIMERA INSTANCIA N.º [NUMERO] [LOCALIDAD] **(1)**

D./D.ª [NOMBRE_PROCURADOR_CLIENTE], procurador/a de los tribunales, actuando en nombre y representación de D./D.ª [NOMBRE_CLIENTE], con domicilio afecto a notificaciones en C/ [DOMICILIO], y provisto/a de D.N.I. número [NUMERO] tal y como se acredita en el poder para pleitos que se adjunta al presente como documento n.º 1, ante el Juzgado comparezco, bajo la dirección letrada de D./D.ª [NOMBRE], letrado/a del Ilustre Colegio de Abogados de [LOCALIDAD] número [NUMERO] y, como mejor proceda en derecho, respetuosamente, **DIGO:**

Que por medio del presente escrito vengo a presentar DEMANDA DE JUICIO VERBAL ejercitando acción de nulidad de la cláusula que regula la comisión por impago (inserta en la cláusula [NUMERO]) por abusividad de la misma, contra:

[NOMBRE_PARTECONTRARIA], con CIF n.º [NUMERO] y domicilio sito en [DOMICILIO].

Todo ello en base a los fundamentos de derecho que se dirán y en los siguientes,

HECHOS

PREVIO.- Sobre la documentación facilitada por la demandada

Esta parte realizó, con fecha [FECHA] y a través de correo postal, una reclamación inicial (que se adjunta como documento n.º 2) por la que se solicitó la nulidad del contrato y la aportación de la documentación que mi representada nunca tuvo en su poder.

La entidad demandada contestó a dicho correo, con fecha [FECHA], adjuntando la siguiente documentación:

[ESPECIFICAR] **(2)**

PRIMERO.- De las condiciones del contrato

Con fecha [FECHA], D./D.ª [NOMBRE_CLIENTE] se encontraba en su domicilio, cuando un agente comercial «a puerta fría» **(3)** le ofreció los servicios de la tarjeta de crédito «[NOMBRE]», procediendo mi mandante a formalizar in situ la solicitud de tarjeta de crédito ofertada.

Esta tarjeta, comúnmente denominada *revolving* o revolvente, es una línea de crédito que permite sucesivas disposiciones (variables en importe) hasta el límite concedido, que se va reponiendo en cuanto se va devolviendo (de ahí su carácter indefinido), durante toda la vida del contrato. Es decir, el capital disponible y los plazos se minoran o amplían en base a los reintegros que realiza el cliente.

El reverso de la solicitud que adjuntamos al presente escrito como Doc. n.º [NUMERO] recoge todas las condiciones del préstamo. No obstante, para el caso que nos ocupa, nos interesa la cláusula relativa a comisión por impago, que determina lo siguiente:

– Cláusula [NUMERO] «Comisión por impago»:

[DESCRIPCION]

SEGUNDO.- Sobre la nulidad de la cláusula que regula la comisión por impago

Tal como argumentaremos en los fundamentos de derecho de la presente demanda, la cláusula [NUMERO] ha de ser declarada nula, y por tanto, tenerse por no puesta, toda vez que no ha sido negociada e impone una comisión por impago del [NUMERO] %, que resulta abusiva a la luz de la normativa vigente y de la jurisprudencia de nuestros tribunales.

TERCERO.- De los efectos de la nulidad

Deberá dejarse la cláusula sin efecto (aunque se mantenga la vigencia del contrato) procediendo la demandada a la DEVOLUCIÓN DE LAS CANTIDADES INDEBIDAMENTE COBRADAS por aplicación de la cláusula declarada nula en concepto de comisión por reclamación de impago, ello con observancia de lo dispuesto en el art. 1303 del CC.

«Declarada la nulidad de una obligación, los contratantes deben restituirse recíprocamente las cosas que hubiesen sido materia del contrato, con sus frutos, y el precio con los intereses, salvo lo que se dispone en los artículos siguientes».

A los anteriores hechos resultan de aplicación los siguientes

FUNDAMENTOS DE DERECHO

I.- JURISDICCIÓN Y COMPETENCIA

De aplicación lo dispuesto en el artículo 31 de la LEC y concordantes, en relación a lo dispuesto en la Ley Orgánica del Poder Judicial (LOPJ), concretamente en sus preceptos 21 y ss.

Es competente el Juzgado de 1.ª Instancia al que me dirijo en virtud de los artículos 45 y 813 de la Ley de Enjuiciamiento Civil.

II.- CAPACIDAD Y LEGITIMACIÓN

En cuanto a la legitimación, se encuentra legitimada activamente la actora y pasivamente la demandada en virtud de lo dispuesto en artículo 10 de la Ley de Enjuiciamiento Civil, en relación con los artículos 3 y 4 del Real Decreto Legislativo 1/2007, de 16 de noviembre, por el que se aprueba el Texto Refundido de la Ley General para la Defensa de los Consumidores y Usuarios y otras normas complementarias y con el artículo 9 de la Ley 7/1998, de 13 de abril, de Condiciones Generales de la Contratación.

III.- POSTULACIÓN

Esta parte comparece representada de Procurador/a y asistida de Letrado/a de conformidad con los artículos 23 y 31 de la Ley de Enjuiciamiento Civil.

IV.- PROCEDIMIENTO

Se sustanciará por los trámites del juicio verbal en virtud del apartado 1 del art. 250 de la LEC, en el punto 14.

V.- CUANTÍA

Calculada conforme a las reglas del art. 251 LEC, la cuantía reclamada en el presente procedimiento es de [CANTIDAD] Euros.

VI.- FONDO DEL ASUNTO

PRIMERO.- Sobre la condición de consumidor y del principio *pro consumatore*

De conformidad con el art. 3 del Real Decreto Legislativo 1/2007, de 16 de noviembre por el que se aprueba el TRLGDCU: «A efectos de esta norma y sin perjuicio de lo dispuesto expresamente en sus libros tercero y cuarto, son consumidores o usuarios las personas físicas que actúen con un propósito ajeno a su actividad comercial, empresarial, oficio o profesión».

En el presente procedimiento, mi mandante, a la hora de contratar el crédito al consumo, en su condición de persona física que actúa en un ámbito ajeno a su actividad empresarial o profesional, debe tener la condición de consumidor.

También se extrae la condición de consumidor de mi mandante en virtud del art. 2.b) de la Directiva 93/13/CEE del Consejo.

SEGUNDO.- Sobre la nulidad de la cláusula de comisión por impago por abusividad

Apartado 1 del art. 82 del TRLGDCU: *«1. Se considerarán cláusulas abusivas todas aquellas estipulaciones no negociadas individualmente y todas aquéllas prácticas no consentidas expresamente que, en contra de las exigencias de la buena fe causen, en perjuicio del consumidor y usuario, un desequilibrio importante de los derechos y obligaciones de las partes que se deriven del contrato».*

Art. 83 del TRLGDCU: *«Las cláusulas abusivas serán nulas de pleno derecho y se tendrán por no puestas. A estos efectos, el Juez, previa audiencia de las partes, declarará la nulidad de las cláusulas abusivas incluidas en el contrato, el cual, no obstante, seguirá siendo obligatorio para las partes en los mismos términos, siempre que pueda subsistir sin dichas cláusulas.*

Las condiciones incorporadas de modo no transparente en los contratos en perjuicio de los consumidores serán nulas de pleno derecho».

Apartado 2 del art. 8 de la Ley de Condiciones Generales de la Contratación: *«serán nulas las condiciones generales que sean abusivas, cuando el contrato se haya celebrado con un consumidor».*

Apartado 1 del art. 6 de la Directiva 93/13/CEE del Consejo, de 5 de abril de 1993, *sobre las cláusulas abusivas en los contratos celebrados con consumidores: «Los Estados miembros establecerán que no vincularán al consumidor, en las condiciones estipuladas por sus derechos nacionales, las cláusulas abusivas que figuren en un contrato celebrado entre éste y un profesional y dispondrán que el contrato siga siendo obligatorio para las partes en los mismos términos, si éste puede subsistir sin las cláusulas abusivas».*

Con carácter general, cabe mencionar la sentencia del Tribunal Supremo n.º 265/2015, de 22 de abril, ECLI:ES:TS:2015:1723:

> «(...) el sector bancario se caracteriza porque la contratación con consumidores se realiza mediante cláusulas predispuestas e impuestas por la entidad bancaria, y por tanto, no negociadas individualmente con el consumidor, lo que determina la procedencia del control de abusividad previsto en la Directiva 1993/13/CEE y en el Texto Refundido de la Ley General para la Defensa de los Consumidores y Usuarios, salvo que se pruebe el supuesto excepcional de que el contrato ha sido negociado y el consumidor ha obtenido contrapartidas apreciables a la inserción de cláusulas beneficiosas para el predisponente».
>
> A este respecto, la sentencia anteriormente citada aclara que «(...) tratándose de cláusulas no negociadas en contratos concertados con consumidores, la

ausencia de vicios del consentimiento o, lo que es lo mismo, que el consumidor haya prestado válidamente su consentimiento al contrato predispuesto por el profesional, incluso en el caso de cláusulas claras, comprensibles y transparentes, no es obstáculo para que pueda declararse la nulidad de las cláusulas abusivas cuando, pese a las exigencias de la buena fe, causan en detrimento del consumidor un desequilibrio importante entre los derechos y obligaciones de las partes que se derivan del contrato (art. 3.1 de la Directiva 1993/13/CEE y 82.1 del Texto Refundido de la Ley General para la Defensa de los Consumidores y Usuarios) ».

A la luz de lo expuesto, el contenido de la cláusula [NUMERO], determina la abusividad de la comisión por impago, de modo que ha de ser declarada nula y tenida por no puesta. A continuación transcribimos el contenido de la cláusula [NUMERO]:

«[ESPECIFICAR]»

Citamos, por su relevancia en relación con el caso, la **sentencia de la Audiencia Provincial de Cantabria n.º 426/2023, de 5 de septiembre, ECLI:ES:APS:2023:1049**, la cual establece que, de la normativa bancaria —Orden EHA/2899/2011, de 28 de octubre; Circular 5/2012, de 27 de junio, del Banco de España; Orden ECE/1263/2019, de 26 de diciembre— y de la jurisprudencia reiterada del TS —como por ejemplo, la **sentencia del Tribunal Supremo n.º 1333/2023, de 28 de septiembre, ECLI:ES:TS:2023:3893**— se infiere que deben darse dos requisitos para que las entidades de crédito puedan cobrar comisiones a sus clientes: «(...) que retribuyan un servicio real prestado al cliente y que los gastos del servicio se hayan realizado efectivamente. Bajo estas dos premisas, las entidades bancarias no pueden cobrar por servicios que no hayan solicitado o aceptado los clientes, que deberán haber sido informados personalmente y por anticipado del importe que van a tener que pagar por ese servicio».

Asimismo, cabe señalar lo dispuesto por el TJUE en su **sentencia n.º C-621/17, de 3 de octubre de 2019, ECLI:EU:C:2019:820**, que establece que:

> «43 Ciertamente, de la jurisprudencia mencionada en el apartado 37 de la presente sentencia no se desprende que el prestamista esté obligado a precisar en el contrato de que se trate la naturaleza de todos los servicios proporcionados como contrapartida de los gastos previstos en una o varias cláusulas contractuales. No obstante, habida cuenta de la protección que la Directiva 93/13 pretende conceder al consumidor por el hecho de encontrarse en una situación de inferioridad con respecto al profesional, tanto en lo que respecta a la capacidad de negociación como al nivel de información, es importante que la naturaleza de los servicios efectivamente proporcionados pueda razonablemente entenderse o deducirse del contrato en su conjunto. Además, el consumidor debe poder comprobar que no hay solapamiento entre los distintos gastos o entre los servicios que aquellos retribuyen.
>
> (...)
>
> 45 Por consiguiente, procede responder a la primera cuestión prejudicial que los artículos 4, apartado 2, y 5 de la Directiva 93/13 deben interpretarse en el sentido de que el requisito de que una cláusula contractual esté redactada de manera clara y comprensible no exige que las cláusulas contractuales que no hayan sido objeto de negociación individual contenidas en un contrato de préstamo celebrado con los consumidores, como las controvertidas en el litigio principal, que determinan con precisión el importe de los gastos de gestión y de una comisión de desembolso a cargo del consumidor, su método de cálculo y el momento en que han de abonarse, precisen también todos los servicios proporcionados como contrapartida de los importes correspondientes».

En lo relativo al carácter abusivo, la precitada **sentencia del TJUE, n.º C-621/17, de 3 de octubre de 2019, ECLI:EU:C:2019:820**, dispone:

> «55 En cuanto a si las cláusulas controvertidas en el litigio principal, contrariamente a las exigencias de la buena fe, causan un desequilibrio importante en detrimento del consumidor, debe considerarse, como se desprende de la resolución de remisión, que la percepción de gastos de gestión y de una comisión de desembolso está prevista en el Derecho interno. A menos que no pueda considerarse razonablemente que los servicios proporcionados como contrapartida se prestan en el ámbito de la gestión o del desembolso del préstamo, o que los importes que debe abonar el consumidor en concepto de gastos de gestión y de comisión de desembolso sean desproporcionados en relación con el importe del préstamo, no parece, sin perjuicio de la comprobación que deberá efectuar el órgano jurisdiccional remitente, que dichas cláusulas afecten negativamente a la situación jurídica del consumidor, tal como la regula el Derecho nacional. Corresponde al órgano jurisdiccional remitente tener en cuenta, además, el efecto de las demás cláusulas contractuales para determinar si dichas cláusulas causan un desequilibrio importante en detrimento del prestatario».

La anteriormente citada **sentencia de la Audiencia Provincial de Cantabria, n.º 426/2023, de 5 de septiembre, ECLI:ES:APS:2023:1049** concluye con base en la **sentencia del TJUE, n.º C-621/17, de 3 de octubre de 2019, ECLI:EU:C:2019:820**, que:

> «A la luz de estos parámetros, la Condición General litigiosa reúne los requisitos para ser declarada nula por abusiva: (i) El cobro de la comisión se prevé de modo automático. (ii) La cláusula no discrimina periodos de mora, de modo que basta el impago de la cuota para que, además de los intereses moratorios, se produzca el devengo de la comisión. (iii) La cláusula no identifica qué tipo de gestión se va a llevar a cabo, por lo que no cabe deducir que ello generará un gasto efectivo (no es igual requerir "in situ" al cliente que se persona en la oficina para otra gestión, que hacer una simple llamada de teléfono, que enviarle una carta por correo certificado con acuse de recibo o un burofax, o hacerle un requerimiento notarial). (iii) Es la indeterminación de la cláusula la que genera la abusividad, puesto que supondría, sin más, sumar a los intereses de demora otra cantidad a modo de sanción por el mismo concepto, con infracción de lo dispuesto en los arts. 85.6 TRLGCU (indemnizaciones desproporcionadas) y 87.5 (cobro de servicios no prestados). (iv) La cláusula contiene una alteración de la carga de la prueba en perjuicio del consumidor, pues debería ser el banco quien probara la realidad de la gestión y su precio, y sin embargo la cláusula traslada al consumidor la obligación de probar o que no ha habido gestión, o que no ha tenido el coste fijado en el contrato, o ambas circunstancias, lo que también podría incurrir en la prohibición prevista en el art. 88.2 TRLGCU. (v) La comisión de reclamación de posiciones deudoras no es una cláusula penal, pues ni contiene un pacto de pre-liquidación de daños y perjuicios, ni sustituye su indemnización, que vendrá constituida por el pago de los intereses moratorios pactados. (vi) Si el pago de la comisión tuviera una finalidad puramente punitiva, contravendría el art. 85.6 TRLGCU».

VII.- *IURA NOVIT CURIA*

En todo lo no invocado resulta de aplicación el principio *iura novit curia*, plasmado en el párrafo segundo del punto primero del artículo 218 de la Ley de Enjuiciamiento Civil, en virtud del cual serán aplicables las demás normas que sean de pertinente, especial o general aplicación, y que el juzgador podrá tener en cuenta de oficio sin necesidad de que hayan sido previamente alegados o invocados por alguna de las partes intervinientes.

VIII.- COSTAS

Deben ser impuestas a la parte demandada de conformidad con el artículo 394 de la Ley de Enjuiciamiento Civil.

Por todo lo expuesto,

SUPLICO AL JUZGADO:

Teniendo por presentado este escrito con los documentos y copias que se acompañan, se sirva admitirlo y, en mérito del mismo, de conformidad con las manifestaciones que contiene, se tenga por interpuesta DEMANDA DE JUICIO VERBAL en ejercicio de la acción de nulidad de la cláusula que regula la comisión por impago; contra la entidad demandada [NOMBRE], se me tenga por parte demandante en la representación acreditada, mandando se entiendan conmigo las sucesivas diligencias y, previo cumplimiento de los trámites procesales de rigor, incluido el recibimiento del pleito a prueba que ya dejo interesado para su momento procesal oportuno, se dicte sentencia por la que:

– SE DECLARE NULA la cláusula que regula la comisión por impago por tener el carácter de abusiva y SE CONDENE a la demandada, conforme a lo dispuesto en el artículo 1.303 CC, a devolver todos los importes recibidos como consecuencia de la aplicación de la cláusula declarada nula (cantidad a calcular en ejecución de sentencia), dejando la misma sin efecto en el contrato.

– Todo ello con los intereses legales desde la presentación de la demanda (artículo 1109 del CC), más los intereses procesales del artículo 576 de la LEC desde la resolución que se dicte.

– Se condene expresamente, y en todo caso, a la demandada al pago de las COSTAS JUDICIALES que se causen en el presente procedimiento, por ser de preceptiva imposición caso de estimación de la demanda, aunque sea de forma sustancial y no total.

Por ser justicia que pido en [LOCALIDAD], a [FECHA].

Fdo.: D./D.ª [NOMBRE_ABOGADO] Fdo.: D./D.ª [NOMBRE_PROCURADOR]

Col. n.º: [NUMERO_ABOGADO] Col. n.º: [NUMERO_PROCURADOR]

PRIMER OTROSÍ DIGO (4): que, de conformidad con el art. 328 de la Ley de Enjuiciamiento Civil, se requiera a la demandada para que aporte:

Cuadro de liquidación de la tarjeta (ciclo de vida de la tarjeta), con el histórico de movimientos, por meses, realizados durante la vigencia del crédito, diferenciando en columnas los distintos conceptos de cada uno de los importes, y en especial: las disposiciones efectuadas por el titular, las comisiones aplicadas, las cuotas de seguro, los intereses de demora, los intereses generados, los recibos abonados y el principal amortizado. Así como los importes totales en cuanto a los mencionados conceptos.

Por lo expuesto,

AL JUZGADO SUPLICO:

Tenga por hecha la anterior manifestación a los efectos legalmente oportunos.

Lugar y fecha *ut supra*.

Fdo.: D./D.ª [NOMBRE_ABOGADO] Fdo.: D./D.ª [NOMBRE_PROCURADOR]

Col. n.º: [NUMERO_ABOGADO] Col. n.º: [NUMERO_PROCURADOR]

SEGUNDO OTROSÍ DIGO: al amparo de lo dispuesto en el apartado 2 del art. 265 de la LEC, se dejan expresamente designados desde este momento, todos los archivos, libros y registros referidos en el cuerpo del presente escrito, así como aquellos a los que se refieran y/o en los que obren los documentos que se aportan junto con el presente escrito o se mencionen directa o indirectamente, y cuantas oficinas públicas o privadas puedan custodiar documentos o datos de interés para lo solicitado en el presente escrito y, especialmente los de la entidad demandada.

En su virtud,

AL JUZGADO SUPLICO: tenga por hecha la anterior manifestación a los efectos legales oportunos.

Lugar y fecha *ut supra*.

Fdo.: D./D.ª [NOMBRE_ABOGADO] Fdo.: D./D.ª [NOMBRE_PROCURADOR]

Col. n.º: [NUMERO_ABOGADO] Col. n.º: [NUMERO_PROCURADOR]

TERCER OTROSÍ DIGO: siendo intención de esta parte cumplir con todos los requisitos legales, a tenor de lo previsto en el artículo 231 de la Ley de Enjuiciamiento Civil, se solicita se le diere traslado de cualquier defecto que adoleciere la presente demanda, para la inmediata subsanación de la misma.

Por ello,

AL JUZGADO SUPLICO:

Tenga por hecha la anterior manifestación a los efectos legales oportunos.

Lugar y fecha *ut supra*.

Fdo.: D./D.ª [NOMBRE_ABOGADO] Fdo.: D./D.ª [NOMBRE_PROCURADOR]

Col. n.º: [NUMERO_ABOGADO] Col. n.º: [NUMERO_PROCURADOR]

---

(1) Una vez constituidos e implantados de forma efectiva los tribunales de instancia, las referencias realizadas a los juzgados de primera instancia se entenderán referidas a las secciones del orden jurisdiccional correspondiente de los tribunales de instancia, en este caso, sección civil. (D.A.1.ª de la LO 1/2025, de 2 de enero). Este proceso culminará el 31/12/2025.

(2) Documentación del contrato: Contrato de solicitud de tarjeta y sus condiciones, extractos, Información Normalizada…

(3) En un centro comercial, en casa, en el trabajo…

(4) En caso de que no lo haya aportado la entidad con la contestación a la reclamación extrajudicial.